हॉलीवुड बॉलीवुड

रास्तों से अलग

वाणी प्रकाशन

21-ए, दरियागंज, नयी दिल्ली-110002

फोन : 011-23273167, 23275710, 41562622

फैक्स : 011-23275710

e-mail : vani_prakashan@yahoo.com

हॉलीवुड बॉलीवुड

रास्तों से अलग

वाणी प्रकाशन का 'लोगो'
विख्यात चित्रकार मक़बूल फ़िदा हुसेन की
कूची से

ISBN : 81-8143-209-6

वाणी प्रकाशन
21-ए, दरियागंज, नयी दिल्ली-110002
द्वारा प्रकाशित

फोन : 0091#11#23273167, 23275710
फैक्स : 0091#11#23275710
ई-मेल : vaniprakashan@gmail.com
vani_prakasha n@yahoo.com
वेबसाइट : www.vaniprakashan.com

संस्करण : 2006
आवृत्ति : 2009 मूल्य : 250.00
© लेखकाधीन
आर टेक ऑफसेट, प्रिंटर्स, दिलशाद गार्डन, दिल्ली-95
आवरण : वाणी प्रकाशन
द्वारा मुद्रित

HOLLYWOOD BOLLYWOOD
by : Anwar Jamal, Saibal Chatterjee

यह किताब उन लोगों के लिए
जो यह मानते है कि सिनेमा एक
कला है, कला ही सच्चाई है।

भूमिका

मुंबई के फिल्म-निर्माताओं-निर्देशकों और उनके कैंप से जुड़े लोगों के लिए ये उत्तेजना भरे क्षण हैं। भारत से मनोरंजन का निर्यात 1998 के 40 मिलियन डॉलर से बढ़कर 200 मिलियन डॉलर की सीमा तक पहुंच चुका है। इसलिए कोई भी इस ऐश्वर्य के झांसे में आ सकता है, जो भारतीय सिनेमा के उद्भव को लेकर गढ़ा जा रहा है, संक्षेप में कहें तो बॉलीवुड सिनेमा के इर्द-गिर्द, और यह कहा जा रहा है कि विश्व मंच पर यह एक शक्ति के रूप में उभर रहा है। इस पुस्तक में कुछ ऐसे बहुसूचित लेखों का संकलन है, जिनके माध्यम से भारतीय सिनेमा के वैश्वीकरण की नवजात प्रक्रिया को तमाम चीजों से हटकर उचित दृष्टिकोण से देखने-समझने का प्रयास किया गया है। इसका उद्देश्य यह है कि हर तरीके से, शोर-शराबे से हटकर, इस नई घटना की ऊंचाइयों-निचाइयों को देखा-परखा जा सके और उसके माध्यम से इसकी एक संतुलित तस्वीर सामने आ सके- जो आवश्यक नहीं कि अपने आप में पर्याप्त हो, लेकिन इस नई परिघटना को समझने में जो सहायक हो।

क्या लोकप्रिय मुंबइया सिनेमा वाकई संसार को जीतने लायक हो गया है? इस पुस्तक के आगामी पृष्ठों पर फिल्म समीक्षकों, मीडिया विशेषज्ञों और फिल्मकारों द्वारा लिखे गए विभिन्न लेखों में इस पहलू को अलग-अलग दृष्टिकोणों से देखने का प्रयास किया गया है। लेकिन कुल मिलाकर देखें, तो यही लगता है कि *लगान* और *मॉनसून वेडिंग* फिल्मों की विश्वव्यापी सफलता के बावजूद मुंबइया फिल्म उद्योग ने ऐसा कदम नहीं उठाया है, जिसके आधार पर यह कहा जा सके कि ये महज एकल सफलताएं नहीं थीं। यद्यपि ये दोनों फिल्में भी भारतीय फिल्म जगत के दो ध्रुवांतों की फिल्में थीं।

बॉलीवुड में जिस तरह की नाच-गानों से भरपूर फिल्में बनती हैं, उस तरह की कुछ फिल्मों ने जरूर हाल के वर्षों में अमेरिका और इंग्लैंड में निरंतर लोकप्रियता के पायदानों पर अपनी जगह बनाई है। लेकिन इसका बड़ा कारण भारतीय आप्रवासियों की बढ़ती आबादी और बढ़ती क्रय क्षमता को माना जा सकता है। अभी तक ऐसा कुछ भी नहीं है, जिसके आधार पर यह कहा जा सके कि भारतीय फॉर्मूला फिल्मों को पश्चिमी दर्शकों में भी स्वीकृति प्राप्त होने लगी है।

हालांकि नई सहस्राब्दी में एक तरह से कुछ सिनेमा विशेषज्ञों के बीच भारतीय सिनेमा के पहलुओं को बढ़ा-चढ़ाकर बताने का फैशन- सा बन गया है, जबकि सचाई यही है कि मुंबइया फिल्मों को दुनिया भर में अपनी विकृतियों, कथा कहने की अपनी विचित्र शैली के लिए याद किया जाता है। इस प्रकार की फिल्मों को लेकर अद्वितीयता की बात अपनी जगह पूरी तरह वैध हो सकती है, लेकिन अंतरराष्ट्रीय तौर पर कला के रूप में भारतीय सिनेमा की समझ को विकसित करने में श्याम बेनेगल, अदूर गोपालकृष्णन और बुद्धदेव दासगुप्ता जैसे फिल्मकारों का बड़ा योगदान रहा है।

यद्यपि श्याम बेनेगल भौतिक रूप से मुंबई में रहते और काम करते हैं, आध्यात्मिक और कलात्मक तौर पर वे मुंबई के मुनाफाखोर स्वप्न उद्योग की परंपरा से काफी हटकर हैं। गोपालकृष्णन केरल की राजधानी तिरुअनंतपुरम में रहते हैं। इनकी फिल्में दुनिया भर में देखी और सराही जाती हैं, लेकिन वे टॉप टेन की सूची में इसलिए नहीं आ पातीं, क्योंकि ये परंपरागत रूप से व्यावसायिक आधारों पर काम नहीं करते हैं, लेकिन वे शायद इस बात को पसंद न करें, अगर उनकी फिल्मों को मुंबइया मसाला फिल्मों की श्रेणी में रख दिया जाए।

वास्तव में, बॉलीवुड संज्ञा एक उपहासात्मक संज्ञा है। यह बोलचाल का ऐसा एक मुहावरा है जिसका भारत के विविधवर्णी सिनेमा जगत से कोई लेना-देना नहीं है। अगर वास्तव में इस पद को वैधता ही देनी है, तो इस क्रम में यह भी उल्लेख जरूर किया जाना चाहिए कि भले बॉलीवुड से सीमित अर्थ ध्वनित होता हो, पर इसकी कितनी विविध छायाएं हैं। ज्यादातर मुंबइया सिनेमा समकालीन भारतीय समाज के कीलकों को आधारित करके बनाए जाते हैं, पर दशकों से उसकी एक धारा गंभीर सामाजिक तौर पर प्रतिबद्ध सिनेमा को समर्पित रही है। तथाकथित बॉलीवुड संज्ञा को प्रचारित करने के पीछे केवल इसकी विश्वव्यापी व्यावसायिक क्षमताओं को बढ़ा-चढ़ाकर आँकने की प्रवृत्ति ही नहीं है, बल्कि इसके पीछे एक तरह के सिनेमा को प्रचारित करने की भी प्रवृत्ति रही है, जिसमें भारत जैसी जटिल सामाजिक संरचना वाले देश की भाषिक, सांस्कृतिक और शैलीगत विविधताओं को अनदेखा कर देने की प्रवृत्ति भी रही है।

लगान और *मॉनसून वेडिंग* को पश्चिमी जगत में सफलता इसलिए प्राप्त हो सकी, क्योंकि दोनों फिल्मों में अपने तरीके से कला और व्यवसाय, उत्कृष्टता और आधुनिकता का जबर्दस्त तरीके से संगम था। लेकिन इन दोनों ही फिल्मों के कारण

क्रॉसओवर सिनेमा का वैसा जोर नहीं चला, जैसी कि अपेक्षा की जा रही थी। इन्होंने, हालांकि, विभ्रम की उस स्थिति को पैदा कर दिया कि आप चाहे जो भी कहानी कहने के लिए चुनें, अगर उसमें कलात्मक ईमानदारी और भावनात्मक गहराई है, तो विश्वस्तर पर वह भौगालिक सीमाओं को तोड़ देगी।

यह नहीं कहना चाहिए कि मुंबई के फिल्म उद्योग में बदलाव की बयार नहीं चल रही है। पश्चिमी भारत के महानगरों में नई पीढ़ी के फिल्मकारों ने अचानक ही वैश्वीकरण के महत्व को समझना आरंभ कर दिया है। हाल के वर्षों में वे कुछ ऐसी फिल्में जरूर लेकर आए हैं, जिससे वे विश्वस्तर पर संवाद कायम कर सकें। सफलता की दर अभी भी काफी कम है, लेकिन युवाओं द्वारा आरंभ किए गए आंदोलन में, जिसमें शहरी भारतीय फिल्मकार शामिल हैं, वे बढ़-चढ़कर अंग्रेजी भाषा का प्रयोग कर रहे हैं, विश्वस्तरीय विषयों को अपनी अभिव्यक्ति का माध्यम बना रहे हैं, उनकी पीढ़ी जड़ जमा रही है।

उल्लेखनीय यह है कि दोनों ही प्रकार के रचनात्मक ध्रुवांतों पर खड़े रचनात्मक लोगों ने (भारतीय फिल्मकारों ने) वैश्विक स्तर पर अपनी विपणन गतिविधियों को उसी तरह से फैलाने की दिशा में सोचना शुरू कर दिया है, जिस तरह से चीनी और ईरानी फिल्मकारों ने पिछले एक दशक के दौरान किया है। इस पुस्तक में सूचनापरक अवलोकनों और निर्मितिओं के माध्यम से यह देखने का प्रयास किया गया है कि पिछले कुछ वर्षों में भारतीय सिनेमा वास्तविक रूप से कितने कदम चल पाई है। साथ ही, इसमें उन कमियों को देखने की कोशिश भी की गई है, जिन्हें दूर किया जाना आवश्यक है, अगर देश के फिल्मकारों की वैश्विक आकांक्षाओं को वास्तविक तौर पर पूरा किया जाना है।

नयी दिल्ली
अगस्त, 2006

अनवर जमाल
सैबल चटर्जी

अनुक्रम

बॉलीवुड : ब्लैक के जादू पर भरोसा

सैबल चटर्जी

भारत तथा दुनिया में दूसरी जगहों पर 2005 में लगी अपनी संवेदनशील एवं गुहार लगाती 'ब्लैक' से संजय लीला भंसाली ने बॉलीवुड के चेहरे का रंग कुछ हद तक बदल डाला है। कुछ साहसी लोगों द्वारा फार्मूलाबाजी से बचाने की कोशिश के बावजूद साधारणता के दलदल में फँसी इस इण्डस्ट्री को क्या यह शानदार फिल्म कोई रास्ता दिखा पाएगी?

आमिर खान

आपने अन्तिम बार कब *ब्लैक* की तरह की फिल्म देखी है जिससे आपका मुम्बई फिल्म उद्योग की महान फिल्में बना सकने की क्षमता पर विश्वास पुनर्जीवित हो उठा हो। 2001 के बारे में सोचें। वह 'लगान' का वर्ष था जिसने लोकप्रिय हिन्दी सिनेमा को वह इज्जत दिलाई जो उसे गुरुदत्त और बिमल राय के बाद नहीं मिल पाई।

लेकिन लगान और शायद रामगोपाल वर्मा की साहसी, अण्डरवर्ल्ड ड्रामा 'सत्या' के अलावा आप कितनी भी कोशिश पिछले दो

दशकों में करें। सचमुच अच्छी फिल्म ढूँढ़ना मुश्किल होगा। इसके लिए आपको '80 के दशक में जाना होगा और कोशिश करने पर आपको ऐसे रत्न मिलेंगे जो ऐसे लोगों द्वारा बनाए गए थे जो वास्तव में मुम्बई फिल्म उद्योग की मुख्यधारा में नहीं थे।

ब्लैक समय पर आई है। गुणवत्ता में 1980 से इक्कीसवीं शताब्दी के शुरू के वर्षों तक लोकप्रिय हिन्दी सिनेमा ने कुछ हासिल नहीं किया। विडम्बना है कि मुम्बई फिल्म उद्योग के नेता बार-बार ये कहते हैं कि इन वर्षों में हिन्दी सिनेमा का विश्व-भर में प्रभाव बहुत बढ़ा है। यह बकवास है।

वस्तुनिष्ठ विश्लेषक जानते हैं कि सत्य क्या है। ईरानी तथा चीनी सिनेमा ने अपने लिए विश्व में जगह बनाई है किन्तु हिन्दी सिनेमा प्रवासी भारतीयों के बाहर नहीं फैल सकता है।

इसका कारण स्पष्ट है : बॉलीवुड इतनी अच्छी फिल्में बनाता ही नहीं है जो दुनिया का ध्यान आकर्षित कर सके। कुछ लोग हमें चाहे जो विश्वास दिलाना चाहें पिछले बीस वर्ष कलात्मकता की दृष्टि रो हिन्दी सिनेमा के सबसे खराब वर्ष रहे हैं।

इस दौरान शायद ही कोई 'दो बीघा जमीन', 'मदर इण्डिया', 'प्यासा', यहाँ तक कि 'शोले' जैसी भी फिल्म बनी जो फिल्म माध्यम को ऊपर खींचे। 'कल्ट' सिनेमा के अवसान ने हिन्दी सिनेमा पर बहुत बुरा असर डाला।

'ब्लैक' को इस सन्दर्भ में देखा जाना चाहिए। यह एक साहसी फिल्म है। इसमें नाच-गाने और भीड़ को प्रसन्न करने की वे तमाम कोशिशें नहीं हैं जो एक आम फिल्मकार करता है और अधिकतर इसमें असफल होता है। 'ब्लैक' ऐसे समय आई है जब मिश्री डलीनुमा फन्तासियाँ 'कोई मिल गया' और 'कल हो न हो' बहुत पसन्द की जा रही हैं।

भंसाली जैसे फिल्मकार अभी भी नगण्य हैं। हिन्दी सिनेमा ऐसे व्यापारियों के हाथ फँस गया है जो लाभकारी दिखने वाली कोई भी चीज

बना डालेंगे। जब लगान ने विश्व का हिन्दी सिनेमा के प्रति नजरिया कुछ बदला तब तक बॉलीवुड को कितने अंक मिले थे?

कई भड़कदार शादी वीडियो, कुछ बुद्धिहीन कॉलेजी किस्से और कई कमजोर 'एक्शन' फिल्में जो बड़ी थीम, बड़े विचार एवं अद्वितीय इमेज का अन्त घोषित करते हैं। जिस उद्योग की स्थापना बिमल राय, गुरुदत्त और राजकपूर ने की हो उसके लिए यह अफसोसनाक ही है।

वे फिल्में कहाँ हैं जो उद्योग के इतिहास में मील का पत्थर साबित हों? अपनी बढ़ती महत्वाकांक्षाओं को पूरा करने के लिए उद्योग को लगान तथा ब्लैक जैसी फिल्मों की सख्त जरूरत है। आप दुनिया के किसी हिस्से से आए व्यक्ति से पूछें, आमिर खान की सुपरहिट फिल्म की सभी प्रशंसा करेंगे। भंसाली के साहस के लिए भी ऐसा ही होने की उम्मीद है। जब भी अब्बास कियोरोस्तामी या चेनकाइज का नाम आने पर लोगों की ऐसी ही प्रतिक्रिया होती है।

ऐश्वर्या राय

अगर हिन्दी सिनेमा को विश्व मंच पर महत्त्वपूर्ण स्थान लेना है तो उसे सिर्फ हिट फिल्में नहीं मास्टरपीस फिल्में बनानी पड़ेंगी। लेकिन क्या हम परचून के दुकानदारों से ऊँची कला की उम्मीद कर सकते हैं? क्या काफी समय तक सुरक्षित कथानकों पर पली भारतीय जनता ऐसा होने देगी? उन्होंने ऐसा ही *लगान* और *ब्लैक* के साथ किया है।

यह अब मुम्बई के फ़िल्मकारों के ऊपर है कि वे दर्शकों को फिल्म माध्यम की अभिव्यक्ति की क्षमता को जानने और स्वाद लेने का मौका दें। 1994 में 'बैंडिट क्वीन' से उद्योग को झटका देनेवाले शेखर कपूर अब इसके

अन्दर नहीं हैं।

अल्बर्ट पिंटो को गुस्सा क्यों आता है, चश्मे-बद्दूर तथा *उमराव जान* जैसी क्लासिक बनाने वाले सईद अख़्तर मिर्जा, सईं पराँजपे और मुजफ्फर अली ने कुछ समय से कोई फिल्में नहीं बनाई हैं। 'जाने भी दो यारो' से प्रसिद्ध कुन्दन शाह लगता है अपनी रचनात्मकता खो चुके हैं।

गोविन्द निहलानी (आक्रोश, 1980) तथा विधु विनोद चोपड़ा (परिन्दा, 1989) ने हिन्दी सिनेमा के सबसे ऊँचे बिन्दु छुए हैं। दोनों अभी भी कार्यरत हैं। क्या ये सिद्धहस्त निर्देशक तथा इनके वारिस हिन्दी सिनेमा को एक सीढ़ी ऊपर ले जा सकेंगे? अन्तर्राष्ट्रीय ख्याति की बॉलीवुड की कोशिश इसी पर निर्भर है। जब तक उद्योग अपने आपको महज मनोरंजन की चीजों का उत्पादक समझेगा वह वही रहेगा। यह कभी-कभी का आमोद-प्रमोद रहेगा लेकिन कोई बड़ा रचनात्मक विवर्तनिक बदलाव इसके बस का नहीं होगा। अगर बॉलीवुड संसार की नजर और प्रशंसा चाहता है तो कम से कम इसके एक अंश को सिनेमा को एक रचनात्मक कला के रूप में देखना होगा। भंसाली ने दिखा दिया है कि यह किया जा सकता है।

ब्लैक की खासियत

फिल्मकार के रूप में भंसाली की क्षमता पर किसी को सन्देह नहीं। फिर भी *ब्लैक* एक सुखद आश्चर्य है। यही फिल्म की सुन्दरता है। चाहे भंसाली की प्रसिद्धि कितनी भी ठोस हो यह दिखलाता है कि उनकी दक्षता अब भी अचरज पैदा कर सकती है।

ब्लैक एक शानदार सिनेमाई उपलब्धि है। तकनीकी दक्षता और नाटकीय प्रभाव दोनों स्तरों पर भंसाली बॉलीवुड के स्वप्न-सौदागरों से मीलों आगे हैं। *ब्लैक* एक ही साथ आँखों को अच्छी लगती है, अश्रुग्रन्थियों को अशान्त करती है, दिमाग को उत्तेजित करती है, हृदय को गर्मी देती है और मन को छूती है।

शायद ही कभी किसी मुम्बइया फिल्म ने सिर्फ दो घण्टे और कुछ मिनटों

में इतना कुछ पाया है। इस तरह की फिल्म बॉक्स-ऑफिस सफलता को बेमानी कर देती है और माध्यम को कई गुना ऊपर ले जाती है।

ब्लैक में वह करने की क्षमता है जो पाँच दशक पहले सत्यजित राय की कालजयी 'पाथेर पांचाली' ने भारतीय सिनेमा के साथ किया था—हिन्दी फिल्मों को उनकी साधारणता और कूपमंडूकता से बाहर खींच उसे उड़ना सिखाना। लेकिन गुनगुने रोमांस तथा एक्शन फिल्में देखकर पले-बढ़े हम लोग क्या इस क्रान्ति के लिए तैयार हैं?

यह मानना पड़ेगा कि *ब्लैक* पूरी तरह मौलिक नहीं है। इसके कथानक के कुछ हिस्से आर्थर पेन की 'मिरेकल वर्कर' से लिए गए हैं जो हेलेन केलर और उनके शिक्षक के रिश्ते का एक दर्शनीय चित्रण है। लेकिन भंसाली को इसके लिए प्रशंसा करनी पड़ेगी वे मूल से अलग हटकर अपनी खुद की फिल्म का निर्माण करने में सफल रहे। अपनी नाटकीयता में 'ब्लैक' हर तरह से एक भारतीय फिल्म है।

ब्लैक उच्च तकनीक, शानदार कथावाचन और ऊँचे दर्जे के अभिनय का मिश्रण है। पूरी तरह अँधेरे में घिरी एक संकोची जिन्दगी के इस भाव-प्रवण नाटक में भावनाओं को परिष्कृत तथा उन्नत बनाने की वह क्षमता है जो इसे आमतौर पर हिन्दी सिनेमा में पेश घटिया भावनाओं से अलग करने में सक्षम है।

ब्लैक दिल को हर समय छूती है। यह इसकी निर्माण कला और वैचारिक सूझ-बूझ के कारण भी है और विशेष टीम की आँख चुँधियाती प्रकाशवान अभिनय के कारण भी जिसमें अमिताभ बच्चन, रानी मुखर्जी, शरनाज पटेल, धृतिमान चटर्जी और नन्दना सेन हैं। इन सब के बीच आठ वर्ष की नायिका का किरदार निभाती आयशा कपूर अपने यथार्थवादी अभिनय से दर्शकों का मन जीत लेती है।

भंसाली अपने अभिनेताओं को उनकी क्षमता की सीमा तक खींच ले जाते हैं और अमिताभ तथा रानी दोनों ही काफी दक्षता और लचीलापन दिखलाते हैं। रानी मिशेल मेक्नेली है जो बहरी, गूँगी और अन्धी लड़की

है। उसे विशेष बच्चों का एक शराबी, गुस्सैल शिक्षक देबराज सहाय प्रकाश और आशा की ओर ले जाता है। अमिताभ बच्चन ने शिक्षक का किरदार पूरी दक्षता और विश्वास के साथ निभाया है।

ब्लैक का ड्रामा पहले मिशेल द्वारा काफी प्रयत्न से एक आम शैक्षणिक योग्यता प्राप्त करने में निहित है। फिर उसे अल्झाइमर बीमारी से स्मृति खोते अपने गुरु की स्मृति वापस लाने की चुनौती स्वीकारनी पड़ती है। गुरु को अब उन्हीं शब्दों को याद करने के लिए मदद की जरूरत पड़ती है जो उसने कभी एक छोटी बच्ची को समझना और बोलना सिखाया था। उसे अब पुनर्जीवन और स्मृति के लिए नारी की जरूरत होती है।

मुम्बई सिनेमा को उसका पहला बहरा-अन्धा चरित्र देकर भंसाली सिनेमा को उसकी जड़ों के नजदीक ले गए हैं जब शब्द, गीत, नृत्य और तड़क-भड़क नहीं बल्कि चेहरे, शरीर और परिस्थितियों द्वारा भावाभिव्यक्ति की जाती थी। रानी के चरित्र को जानबूझकर चार्ली चैपलिन की चाल दी गई है। मिशेल जब शिमला के गेयटी थियेटर के पास से गुजरती है तो उस पर *द किड* और *गोल्ड रश* के पोस्टर लगे हैं।

रवि चन्दन के जादुई दृष्टि- स्पर्श और रसूल पुक्कटी के ध्वनि सन्देश इसे बिलकुल नया बनाते हैं किन्तु *ब्लैक* उन दिनों की याद दिलाती है जब फिल्में लोगों के दिलों को छूने की कोशिश करती थीं सिर्फ उनकी जेबों को नहीं।

सेट शानदार है, फिल्म की शूटिंग उत्तम है, लेकिन सबसे बढ़कर यह दर्शकों को छूने की कोशिश करती है। इसमें यह भंसाली की रंगीली *देवदास* की तरह है। यह बाजार को ध्यान में रख बनाई गई है। किन्तु मिज़ाज में यह फिल्म अपनी तरह की अकेली है और ऐसा सिर्फ इसलिए नहीं कि इसके कई बड़े टुकड़े अंग्रेजी में हैं। *ब्लैक* भावनात्मक रूप से दुःखकारी किन्तु ध्यान बाँधनेवाली फिल्म है जो हाल के दशकों में बनी किसी भी फिल्म से उत्कृष्टता की तलाश में ज्यादा आगे जाती है। इसके शुरू के बीस मिनट शुद्ध सिनेमा के जितना पास हैं उतना कोई मुम्बई फिल्म कभी नहीं पहुँची। जब भंसाली

प्रकाश किरणों, गुमसुम छाया, चमकीले रंगों और मूलभूत मानवीय संवेदनाओं से नाटक की भावना स्थापित करते हैं तो दर्शक एक ऐसी दुनिया में पहुँच जाता है जो उसने शहरी सिनेमाघरों में शायद ही कभी देखी हो।

जिन दर्शकों को दृश्य-संवाद का अनुभव नहीं उन्हें शुरुआत कुछ धीमी लग सकती है, लेकिन वही बताती है कि फिल्म का विषय क्या है। यह दृश्य की शुद्धता और ध्वनि की स्पष्टता है। जब प्रतिबिम्ब प्रोजेक्ट की तेज रोशनी से पर्दे पर आते हैं और आपको अन्धकार, सन्नाटे और असाधारण सुन्दरता की दुनिया में ले जाते हैं तो आपको पता चलता है कि आप एक बहुत श्रेष्ठ फिल्म देख रहे हैं।

जरूरत स्वतन्त्रता की भावना की

मुम्बई फिल्म उद्योग एक मायने में हॉलीवुड से एक स्तर पर बिलकुल भिन्न है। यह पूरी तरह स्वतन्त्र है। यह हमेशा अच्छा हो ऐसा नहीं है। आजादी कई बार असामंजस्य और विशृंखलता को जन्म देती है किन्तु थोड़े उद्यम से इसे बॉलीवुड का तुरुप का पत्ता बनाया जा सकता है।

हॉलीवुड पर विशाल स्टुडियो शासन करते हैं किन्तु इसके सबसे उत्तम और नयापन वाली फिल्में इसके एक स्वतन्त्र कोने से आती हैं। किन्तु बोर्डरूम के दबाव से मुक्त होने पर भी बॉलीवुड बहुत कम ही उत्कृष्ट फिल्में बना पाता है।

गहरे पैठे व्यापारिक हितों के जाल में फँसा लोकप्रिय हिन्दी सिनेमा सुरक्षा को सबसे ज्यादा महत्त्व देता है। मुम्बई फिल्में वही कहानियाँ कहती हैं जो पहले कही जा चुकी हैं। उनके चरित्र पहले देखे जा चुके हैं। वे हमेशा उन पैमानों के अन्दर रहते हैं जिन्हें स्वीकृति मिल चुकी है।

परिणाम सबके सामने है : जो सुपरहिट फिल्में मुम्बई कलाकारों ने बनाई हैं उनमें कितनी अपनी गुणवत्ता के आधार पर सचमुच महान् फिल्मों की सूची में स्थान पा सकती हैं। लोकप्रिय हिन्दी सिनेमा दर्शकों का मनोरंजन करने में सफल हो सकता है; लेकिन वह शायद ही कभी उनकी जिन्दगी

की सच्चाइयों को अभिव्यक्ति दे पाता है।

यह शायद अच्छा संकेत है कि प्रायोगिक सिनेमा अब बॉलीवुड की मुख्यधारा में जगह बना रहा है। किन्तु कोई बड़ी बॉक्स-ऑफिस सफलता अभी इसके हाथ नहीं आई।

कुछ वर्ष पहले चित्रकार मक़बूल फ़िदा हुसैन ने माधुरी दीक्षित को लेकर *गजगामिनी* बनाई थी। यह एक रचनात्मक, उत्तेजक और चुनौतीपूर्ण कलाकृति थी। नंगे पाँव चलने वाले कलाकार की दूसरी फिल्म 'मीनाक्षी—तीन शहरों की गाथा' उससे आधी भी प्रायोगिक नहीं है। *गजगामिनी* की बॉक्स-ऑफिस असफलता ने शायद हुसैन की सिनेमाई दृष्टि को प्रभावित किया है।

इस कलाकार की सबसे बड़ी ताकत शायद इसी में है कि यह फिल्म उद्योग से नहीं। चूँकि वह जीने के लिए बॉक्स-ऑफिस पर निर्भर नहीं इसलिए वह ऐसे खतरे मोल ले सकता है जो मुख्यधारा का निर्देशक नहीं कर सकता। वह अपनी कलात्मक कल्पना को खुली छूट दे सकता है।

लेकिन जब रामगोपाल वर्मा जैसा आदमी जो फिल्मी उद्योग का ही है, ऐसे ही खतरे मोल लेता दिखता है तो आशाएँ बँधती हैं। अगर वह हॉलीवुडी फिल्मों से अपना ध्यान हटाकर ज्यादा भारतीय हो जाए तो वह बहुत ऊँचा उठ सकेगा।

वर्मा पहला मुम्बइया फिल्मकार है जिसने कथ्य तथा रूप के स्तर पर लगातार प्रयोग किए हैं। 1957 में सम्पादक से निर्देशक बने हृषिकेश मुखर्जी ने एक प्रायोगिक फिल्म 'मुसाफ़िर' बनाई जो एक ही घर में स्थित तीन कहानियाँ बताती है। फिल्म ने मुखर्जी को रचनात्मक निर्देशक के रूप में स्थापित किया और यह आशा भी बनी कि अब मुम्बई में प्रायोगिक फिल्म निर्माण हो सकेगा। किन्तु जिस व्यक्ति ने यह साहसी कदम उठाया उसे भी सफलता के लिए ज्यादा पारम्परिक अनाड़ी बनानी पड़ी।

ऐसा ही अभिनेता सुनील दत्त के साथ हुआ। उनकी निर्माता के रूप

में शुरुआत 'यादें' से हुई। यह एकल-अभिनय फिल्म थी और इसने कथावाचन के किसी नियम का पालन नहीं किया। फिल्म ने कथा-आधारित हिन्दी सिनेमा की सीमाओं को बढ़ाने की कोशिश की लेकिन इसने दत्त को ज्यादा फायदा नहीं पहुँचाया। उन्हें अपनी अगली फिल्म 'रेशमा और शेरा' बनाने के लिए सात साल इन्तजार करना पड़ा।

मुम्बई फिल्म उद्योग ने कभी विद्रोहियों को खास मदद नहीं दी है। व्यक्तियों द्वारा शासित उद्योग के लिए यह आश्चर्य की बात है। वास्तव में जब बॉम्बे टॉकीज, न्यू थियेटर्स, प्रभात फिल्म कम्पनी जैसे बड़े स्टुडियो उद्योग में थे तब भारतीय सिनेमा की मुख्यधारा में विरोधी स्वर के लिए ज्यादा जगह थी।

तेजी से बदलते मनोरंजन संसार में बॉलीवुड को उसी स्वतन्त्रता की भावना की आवश्यकता है। वायवीय मल्टी-स्टार फिल्में रोटी-दाल रहेंगी किन्तु रामगोपाल वर्मा की तरह मुम्बई के फिल्मकारों को यह समझ लेना चाहिए कि स्थायी ख्याति असफलता से डरे बगैर विचारों और कथानकों की खोज से ही मिलेगी। एक लगान और एक ब्लैक मिलकर कोई आन्दोलन नहीं बनते। लीक से हटकर फिल्म बनानेवालों की पूरी जमात ही बॉलीवुड को अगले स्तर तक ले जा सकती है।

अन्तिम बार कब दर्शकों ने बॉलीवुड फिल्म में भारतीय प्राकृतिक दृश्य देखा है? उपमहाद्वीप से ट्रेन या कार में गुजरते हुए जो विशाल, चमत्कारी, पास बुलाते दृश्य हम देखते हैं उनकी भारतीय पर्दे पर अनुपस्थिति खलती है। उसकी जगह परेशान करती झूठी पृष्ठभूमि और भड़कीले रंगों में रंगी जगहें हर फिल्म में दिखलाई पड़ती हैं जो एक स्थान पर घटित होती हैं और दूसरी जगह फिल्माई जाती हैं। इनमें न कोई निरन्तरता होती है न कोई भौगोलिक तर्क।

बॉलीवुड जिन परीकथाओं को बेचता है वे झूठे मार्ग पर चलती हैं। इस साल की सबसे बड़ी हिट फिल्म 'हम तुम' में नायक-नायिका इस प्रकार अन्तर्राष्ट्रीय सीमाओं के आर-पार उड़ते हैं जैसे वे संयुक्त राष्ट्र संघ के राजदूत

हों जिन्होंने पासपोर्ट, वीसा, सिक्युरिटी चेक इत्यादि जैसी परेशानियों के बारे में सुना ही न हो।

ये नाजुक जोड़ी बॉलीवुड के उर्वर मस्तिष्क वाले लेखकों और निर्माताओं की तरह ही सोचती है जो इतना छिद्रयुक्त संसार सोच सकते हैं। यथार्थवादी पृष्ठभूमि की आवश्यकता ही क्या है जब जीवन कॉमिक स्ट्रिप कथा से अधिक कुछ न हो?

'मैं प्रेम की दीवानी हूँ' याद है? इसमें एक तोता था जो बात कर सकता था लेकिन इसके सभी पात्र सिर्फ बकबक करते थे। यह सूरज बड़जात्या की अप्रशंसित फिल्म विश्व शान्ति के लिए आवाज थी। 'मैं प्रेम...' मुम्बई से शुरू होकर, कई अनजान समुद्रतटों और पर्वतों से होते हुए न्यूजीलैण्ड के एक चित्रनुमा कोने में खत्म हुई और सारे समय इसके पात्र एक जगह से दूसरी जगह आजाद पक्षियों की तरह आते-जाते रहे, बेरोक-टोक, निर्बाध।

करण जौहर की अश्रुपर्व 'कभी खुशी कभी गम' में फिल्म सिटी, गुड़गाँव ने पुरानी दिल्ली के चाँदनी चौक की भूमिका निभाई, जबकि इंग्लैण्ड का कोई भवन उस कुलपति का आवास बना जिसके इर्दगिर्द कहानी घूमती है। यशराज फिल्म्स ने आदित्य चोपड़ा द्वारा निर्देशित 'मोहब्बतें' में यही चाल खेली। इसमें दिखाया भारतीय पहाड़ी कॉलेज वास्तव में विक्टोरियायुगीन एक ब्रिटिश विला है। सन्देह का जो स्थगन ऐसी फिल्में मानकर चलती हैं वह अनैच्छिक ही हो सकता है चाहे आप कितना भी नरम सुख अपनाएँ।

यह जानने के लिए अल्बर्ट आइन्स्टाइन होने की जरूरत नहीं है कि इस तरह की चालें सबसे ज्यादा बॉलीवुड की 'फील-गुड' या सुखानुभव फिल्में खेलती हैं। क्या वास्तविक भारतीय प्रकृति में ऐसा कुछ भी नहीं जो कम-से-कम झूठी खुशी दे सके?

सुखानुभव फिल्मों के पुरोहित अतार्किक होने में देशी-विदेशी स्थानों का भेद नहीं करते। 'कल हो न हो' में प्रवासी भारतीय समाज, जिनके बारे में फिल्म तथाकथित रूप में थी, और न्यूयॉर्क जहाँ फिल्म का ड्रामा हुआ,

यथार्थ में बहुत कम सम्बन्ध रखते हैं।

मुसीबत यह है कि इससे मुनाफा हुआ, हमेशा होता है। यह अच्छी तरह सजी अनर्गलता की थालियाँ हमेशा वर्ष की सबसे बड़ी हिट साबित होती हैं। इससे मुम्बइया फिल्मकारों को यथार्थ को धता बता पैसा बनाने वाली फार्मूला फिल्में बनाने का लाइसेंस मिल जाता है। और उससे हिन्दी फिल्में वह सच्चाई खो देती हैं जो सफल फिल्म और सचमुच महान सिनेमा में अन्तर लाती हैं।

सच तो यह है कि यह गिराव नब्बे के दशक में ही हो चुका था। *शोले* और *दीवार* के अलावा 1970 से मुम्बई की मुख्यधारा की ज्यादातर फिल्मों में यथार्थ के दर्शन नहीं। वे जानबूझकर छलावे बेचती हैं।

पिछले तीन दशकों में सबसे सफल न होने पर भी सबसे महान् हिन्दी फिल्में साफ पहचान में आनेवाली जगहों में फिल्माई गई हैं। *शोले* बंगलौर के नजदीक बनाए एक उत्तर भारतीय गाँव में बनी थी। किन्तु यह सफल हुई क्योंकि निर्देशक स्थान की विशेषताओं को पहचान सके : उन्होंने पृष्ठभूमि को फिल्म का एक मुख्य तत्त्व बना दिया।

दो दशक बाद बनी *सत्या* सीधे मुम्बई की तहों में गई और एक गैंग्सटर फिल्म बनी जो सोच में (noirish) थी पर लगती बिलकुल भारतीय थी। इस तरह के सन्तुलन के लिए विशेष दक्षता की आवश्यकता होती है। रामगोपाल वर्मा के पास वह है जबकि न्यूनतम प्रतिरोध का मार्ग चुनने में विश्वास करनेवाले 'सुखानुभव सिनेमा' के प्रवक्ता अपनी रचनात्मकता की कमी छद्म संसार बनाकर या भड़कदार पृष्ठभूमि चुनकर छुपाते हैं और इस तरह अर्थवान् लेखन की कमी को पूरा करते हैं।

लगान और *मानसून वेडिंग* जैसी फिल्में सारी दुनिया के दर्शकों द्वारा सराही गई क्योंकि वे सच्ची लगती थीं। स्वस्थ, नाचते-गाते, हमेशा मजा करते पंजाबियों के बारे में कई फिल्में यश चोपड़ा और करण जौहर द्वारा बनाई गई हैं किन्तु कोई अपनी सांस्कृतिक पहचान नहीं। 'दिल वाले दुल्हनिया ले जाएँगे' या 'कभी खुशी कभी गम' के पंजाबी बरमिंघम, बाल्टिमोर, भटिंडा

या बाइकुला कहीं से भी हो सकते थे। वास्तव में वे कहीं के नहीं हैं किन्तु *मानसून वेडिंग* का पंजाबी परिवार वास्तविक लगता है। वे एक विशिष्ट दिल्ली के माहौल से आए हैं। यही कारण है कि *मानसून वेडिंग* प्रवासी भारतीयों के संसार से काफी बाहर तक पहुँच सकी।

बॉलीवुड अभी भी पिछड़ा है क्योंकि इसके निर्माताओं के लिए बैंक यात्रा एक अच्छी, सच्ची, सांस्कृतिक कथा के हृदय में पहुँचने से ज्यादा महत्त्वपूर्ण है।

उच्चतम कोटि की एक फिल्म बना लेने के बाद अब बॉलीवुड को यह अधिकार मिल गया है कि वह बिना लज्जा अनुभव किए अपनी बढ़ती महत्त्वकांक्षाओं के बारे में बात कर सके। विश्व बाजार में स्थान खोजने को व्याकुल उद्योग 'कभी खुशी कभी गम' जैसी फिल्मों के भरोसे नहीं चल सकता चाहे फ्रांसीसी दर्शक उसके फ्रेंच में डायलॉग लिखे ले फैमिले इण्डियेन अवतार को कितना ही पसन्द क्यों न करें।

ब्लैक वैसी ही फिल्म है जो उम्मीदें बढ़ाती है। भंसाली के प्रयास के अधूरेपन और *लगान* तथा *मानसून वेडिंग* को एक नये भारतीय सिनेमा के प्रचार के रूप में पीछे छोड़ जाने में विफलता के बावजूद यह फिल्म विश्व को दिखला सकती है कि एक भारतीय निर्देशक जब अपना दिल, दिमाग और आत्मा अपने काम में लगा दे तो वह क्या कर सकता है।

किन्तु बॉलीवुड के पास कितने संजय लीला भंसाली हैं। मुझे डर है ऐसे बहुत कम हैं। विधु विनोद चोपड़ा के पास प्रतिभा और दक्षता है किन्तु उसकी प्रतिभा का अभी तक ठीक से इस्तेमाल नहीं हो पाया है। किन्तु यह तथ्य शायद सुखद है। *परिन्दा* और *मिशन कश्मीर* को बनानेवाला समय के साथ बेहतर ही बनेगा। जैसा शेखर कपूर ने कई वर्षों पहले ज्वलनशील *बैंडिट क्वीन* से किया था क्या चोपड़ा भी ऐसा कुछ करेगा जो उसे विश्वस्तर का निर्देशक बना दे। क्या वह भी एक भारतीय फिल्म बना सकेगा जो आशुतोष गोवारिकर की *लगान* की तरह अकादमी अवार्ड प्रतियोगिता के अन्तिम चरण तक पहुँचे। *ब्लैक* ने रास्ता खोल दिया है और मुझे आश्चर्य नहीं होगा यदि

विवेक ओबेराय

बॉलीवुड के कुछ जागरूक निर्देशक संकेत समझें और अपनी रचनात्मकता को अभी के अँधेरे से निकालें।

घरेलू और विदेशी भारतीय दर्शक इतने हैं कि मुम्बई फिल्म उद्योग जो कूड़ा हर हफ्ते बनाता है उसे देखें और पैसा खर्चें। अगर हमारी फिल्में विश्व को कभी प्रभावित न कर सकें तब भी आर्थिक रूप से वे कमजोर नहीं पड़ेंगी। किन्तु बॉलीवुड अगर साल में तीन-चार भी विश्व की सर्वश्रेष्ठ फिल्मों के मुकाबले की फिल्में बनाए तो बॉलीवुड प्रशंसा और विस्मय की जगह अनुग्रह और कौतूहल जगानेवाला शब्द नहीं रहेगा।

वही जाने-पहचाने मीरा नायर, गुरिन्दर चड्ढा और शेखर कपूर भारतीय विषय और नामों को इस्तेमाल करते अन्तर्राष्ट्रीय प्रोजेक्टरों का निर्देशन कर रहे हैं। मीरा नायर पुलिट्जर प्राइज विजेता झुम्पा लाहिरी के प्रथम उपन्यास 'द नेमसेक' पर काम कर रही हैं जबकि गुरिन्दर चड्ढा ने चित्रा बनर्जी दिवाकरूसी की 'द मिस्ट्रेस ऑफ स्पाइसेस' को फिल्म स्क्रिप्ट बनाया है। इसे उनके जीवन तथा लेखन साथी पॉल मायेदा बर्जेस निर्देशित कर रहे हैं। शेखर कपूर के हाथ में बुद्ध के ऊपर एक फिल्म है।

कागज पर तो यह अच्छा लगता है किन्तु अब इस सूची को ज्यादा स्वस्थ जामा देना बहुत जरूरी है। *ब्लैक* संसार का ध्यान आकर्षित करेगी इसकी हम पूरी उम्मीद करते हैं और ऐसी स्थिति में भंसाली को उच्चतम

श्रेणी के निर्देशकों में जगह मिल जाएगी। उनका झण्डा 'देवदास' के लिए कान फिल्म्स फेस्टिवल में स्वागत के बाद वैसे ही ऊँचा है। आशा है ब्लैक उन्हें और ऊँचा दर्जा प्रदान करेगी और यह जाहिर कर देगी कि वे कोई साधारण बॉलीवुड फिल्म बनानेवाले बल्कि एक सच्चे कलाकार और असाधारण कारीगर हैं।

भारतीय सिनेमा की विश्व में स्थिति काफी हद तक इस पर भी निर्भर करेगी कि केतन मेहता की 'द राइज़िंग' (हिन्दी में इसे 'मंगल पांडे' नाम दिया गया है) का कैसा स्वागत होता है। क्या यह उन मस्तिष्कों और क्षेत्रों तक पहुँच पाएगी जिसे जीतना तो दूर भारतीय सिनेमा छू भी नहीं सका है या यह भी सुभाष घई की अतिप्रचारित 'किस्ना' की तरह एक और आडम्बरपूर्ण घटिया कृति होगी?

ब्लैक के रास्ता दिखाने के बाद बॉलीवुड का अगला कदम बहुत दूरगामी परिणाम लाएगा। आधे-अधूरे प्रयत्नों का समय गुजर चुका है। बॉलीवुड को भंसाली जैसे लोगों की जरूरत है जिनमें साहस और जिगर है और जो सब कुछ खोने के लिए तैयार हैं।

सैबल चटर्जी, *अंग्रेजी में स्नातकोत्तर तक की शिक्षा प्राप्त सैबल चटर्जी स्वतंत्र फिल्म समालोचक एवं वरिष्ठ पत्रकार हैं। 1984 से वे द टेली ग्राफ, टाईम्स ऑफ इंडिया, आउटलुक और हिंदुस्तान टाइम्स ऑनलाइन से सम्बद्ध रहे हैं। उन्हें सन् 2003 में सर्वश्रेष्ठ फिल्म आलोचक का राष्ट्रीय पुरस्कार मिल चुका है। आजकल वे अन्य प्रकाशनों में लेख लिखने के अलावा हिंदुस्तान टाइम्स की वेबसाईट पर ऑनलाईन कॉलम लिखते हैं। वे एनसाइक्लोपीडिया ब्रिटानिका के एनसाइक्लोपीडिया ऑफ हिंदी सिनेमा के संपादक थे।*

बॉलीवुड : शब्द के पीछे की राजनीति

अनवर जमाल

इधर बॉलीवुड-हॉलीवुड की चर्चा लगातार देश-विदेश में जोरों पर है लेकिन आश्चर्य की बात है कि इस चर्चा में सारी बहस सिर्फ 'बॉलीवुड' शब्द पर है न कि इस शब्द के बोध यानी इसके पीछे छिपी अवधारणा पर, अकसर मीडिया में या कुछ सेमीनारों में सिर्फ इतना कहकर या पूछकर इस चर्चा की इतिश्री हो जाती है कि बॉलीवुड शब्द आपको कैसा लगता है? या कि बॉलीवुड से भारतीय सिनेमा की एक नई पहचान बनी है, या ये कि बॉलीवुड एक उपयुक्त शब्द है या नहीं. ..बस।

रानी मुखर्जी

जनवरी 2003 में कैलिफोर्निया में पाम स्प्रिंग अन्तर्राष्ट्रीय फिल्म महोत्सव आयोजित हुआ था जिसमें अपर्णा सेन, मणि रत्नम, अदूर गोपालकृष्णन, बुद्धदेव दास गुप्त और मेरी फिल्में थीं। इसमें हॉलीवुड-बॉलीवुड नाम से फिल्मों का एक विशेष खण्ड था, और चार घण्टे का एक सेमीनार भी हॉलीवुड-बॉलीवुड के

नाम से हुआ था। सेमीनारों में जैसा कि अकसर होता है लम्बे उबाऊ भाषणों और शोध पत्रों के बाद कुछ भी हासिल नहीं होता है इसमें भी यही हुआ। जबकि इसमें उपस्थित सभी प्रवक्ता भारतीय ही थे। 'बॉलीवुड' के बाद की स्थिति पर तो कुछ खोजबीन या तथ्यों को ढूँढ़ने की कुछ कोशिश तो हुई लेकिन बॉलीवुड जैसे शब्द की स्थापना की राजनीति को समझने या उसे अस्वीकार करने का साहस किसी में भी नहीं दिखा।

अकसर देखा जाता है कि जब कहने के लिए कुछ न हो या अपनी स्थिति दोनों तरफ बनाए रखनी हो तो लोग थोड़ा हाँ और थोड़ा न कहकर वक्तव्य देते हैं। आज सिनेमा और टेलीविजन में लगभग 90 प्रतिशत लोगों की यही स्थिति है। कलात्मक अभिव्यक्ति के जितने माध्यम हैं उनमें सिनेमा सबसे ज्यादा शक्तिशाली है। सिनेमा में मूर्खता को सबसे अच्छे दामों पर बेच सकते हैं और यहाँ सवाल उठाने पर भी कभी कोई गम्भीर बहस नहीं होती है। इस क्षेत्र के गण्यमान्य लोग पक्ष और विपक्ष दोनों जगह बने रहते हैं और बड़ी ईमानदारी से या बेईमानी से वो बाजार के हितों की रक्षा करते रहते हैं। यहाँ यह बात ध्यान रखने की है कि भारत में हॉलीवुड और अन्य विदेशी फिल्मों के राजस्व का हिस्सा, भारतीय फिल्म उद्योग के कुल राजस्व के 5 प्रतिशत से अधिक नहीं है। फिर ऐसा कौन-सा आकर्षण है जिसके कारण भारतीय मनोरंजन प्रधान सिनेमा को हॉलीवुड की पूँछ का सहारा लेने के तर्क गढ़े जा रहे हैं?

भारत में प्रत्येक वर्ष लगभग 700 से 900 फिल्में बनती हैं। संख्या के आधार पर भारत फिल्म निर्माण में दुनिया में सबसे आगे है। यूरोप में अकसर एक सवाल पूछा जाता है कि भारत एक विकासशील देश है इसके बावजूद वहाँ इतनी फिल्में कैसे बनती हैं? और उनकी खपत कहाँ होती है? हम तो विकसित देश होकर भी एक साल में 10-15 या ज़्यादा से ज़्यादा 20 फिल्में बना पाते हैं। यहाँ तक कि अमेरिका जिसके पास पूरी दुनिया का बाज़ार है और हर छोटे-मोटे देश का सिनेमा वो धीरे-धीरे खत्म करता जा रहा है तब भी वो भारत जितनी फिल्में नहीं बना पाता? बिना आँकड़ों

के मेरा जवाब ये होता है कि हमारा देश बहुत बड़ा है और इसकी 70 प्रतिशत जनता ग़रीब है, कहने को तो हम तीसरी दुनिया के हैं लेकिन हमारे यहाँ चौथी और पाँचवीं दुनिया भी है और तीसरी दुनिया के भीतर अमीर पूँजीपति वर्ग का दृष्टिकोण अपनी जनता के प्रति वही है जो पहली दुनिया के अमेरिका और ब्रिटेन का बाकी दुनिया के प्रति है। हमारे यहाँ लोग दिन-भर की कमाई का 50 प्रतिशत खर्च करके एक ऐसी फिल्म देखने जाते हैं जिसमें उनका अपना कुछ भी नहीं होता है, जिसके बारे में लुइस बून्युएल (स्पेन में जन्मे फ्रांसीसी फिल्मकार) ने कहा था, "सिनेमा का सफ़ेद पर्दा अगर सही मायने में सत्य को उद्घाटित करता तो आज वह विश्व में क्रान्ति की आग जला सकता था किन्तु फिलहाल हम चैन की नींद सो सकते हैं क्योंकि सिनेमा को पूरी मात्रा में अफ़ीम खिलाकर ज़ंजीर में जकड़ रखा गया है।" इन फिल्मों से सरकार को टैक्स मिल रहा है और निर्माता धन कमा रहा है। जनता जहाँ है जैसी है वह अफ़ीम खाकर चैन की नींद सो रही है और यह खेल बड़े ही लोकतान्त्रिक ढंग से चल रहा है बाजार और सत्ता के गठबन्धन से।

माधुरी दीक्षित (देवदास)

आज किसी निर्माता को अपनी लागत का 20-25 गुना लाभ न हो तो पूरा मीडिया एक नयी बहस शुरू करता है कि फलाँ फिल्म पिट गई या सिनेमा उद्योग संकट में है। बहुत कम लोग जानते हैं कि 95 प्रतिशत से ज़्यादा फिल्में अपना पूरा धन वापस निकाल लेती हैं अगर ऐसा न होता तो प्रतिवर्ष 800-900 फिल्में न बनकर उनकी संख्या

50-60 ही रह जाती। 'बॉलीवुड खतरे में' जैसी हेडलाइन्स का सीधा मतलब होता है कि 5 करोड़ की लागत की फिल्म को 25 करोड़ मिले यानी ऐसा माहौल बनाओ कि सरकार कम टैक्स ले या सरकार कोई छूट दे, या उधार में काम करने वाले कलाकारों को निर्माता संकट में लगे और वो अपना पैसा छोड़ दें। या निर्माता को थोड़ा और धन अगली फिल्म के लिए मिल जाए। क्योंकि 'बड़ा बजट—बड़ा रिटर्न' की सच्चाई अविकसित देशों में ज़्यादा काम करती है। उदाहरण के तौर पर बड़े बजट की फिल्म 'देवदास' को लें जिसका बजट 50 करोड़ बताया गया। कैसे और किस मद में कितना ख़र्च हुआ? किसी को नहीं पता। इसके विपरीत नेशनल फिल्म डेवलपमेण्ट कारपोरेशन की फिल्मों का सामान्य बजट 50 लाख रुपए होता है उसकी फिल्मों के खर्चे का पूरा हिसाब देखा जा सकता है। जबकि सामान्य तौर पर यदि एक फिल्म भारत में एक करोड़ रुपए में बनती है तो देवदास में 50 फिल्में शामिल हैं। मेरा तर्क यह है कि क्या फिल्म निर्माण की पूरी प्रक्रिया में किसी भी यूनिट मेम्बर को क्या सामान्य फिल्म से 50 गुना ज्यादा मजदूरी दी गई थी?

बहरहाल...इस लम्बी भूमिका के बाद अब बॉलीवुड-हॉलीवुड के अन्तःसम्बन्धों को विस्तार से समझा जाए। हॉलीवुड में मुख्यतः तीन प्रकार की फिल्में बनती हैं और यह तीनों तरह की फिल्में बेहद फार्मूलाबद्ध तरीके से बनाई जा रही हैं और अमेरिकी साम्राज्यवादी राजनीति को बढ़ाने में सहयोग दे रही हैं। पहली तरह की फिल्में वह हैं जो हर सामान्य या 'बी' ग्रेड की तीन फिल्मों में से एक होती हैं इनमें कोई मनोवैज्ञानिक रोग से ग्रसित जुनूनी हत्यारा होता है जो किसी की भी बिना किसी के कारण हत्या कर सकता है, और यही एक औसत अमेरिकी का जीवन के बारे में विश्वास है उनकी ज़िन्दगी घोर असुरक्षा भाव से ग्रसित है। दुनिया के तमाम नियमों एवं लोकतन्त्र का जामा पहनने के बावजूद पूरी पीढ़ी को डराकर व्यक्ति को और व्यक्तिगत और स्वार्थी बनाने की साजिश रची जा रही है।

दूसरी तरह की फिल्में 'हरर' (डरावनी) हैं जिनमें कल्पनाशीलता की बेहद कमी होती है इन फिल्मों में कोई बहुत ही खूँखार और जुनूनी जीव;

हर दो मिनट में आता है और अगले चार-पाँच मिनट तक खून-खराबा और दहशत फैलाता रहता है, शहर के शहर तबाह और बर्बाद करता रहता है।

तीसरी तरह की फिल्में इनमें सबसे ज़्यादा लोकप्रिय हैं। इन फिल्मों में अमेरिका पर दूसरे ग्रहों से हमला होता हुआ दिखाया जाता है। अर्थात् इस पृथ्वी पर तो उन्हें कोई चुनौती दे ही नहीं सकता, इस पृथ्वी पर तो सब उनके अधीन हैं और जो ज़रा-सा भी विरोध कहीं करे या अपनी शक्ति बढ़ाने की कोशिश करे तो उसे ईराक बनने के लिए तैयार हो जाना चाहिए। शीत युद्ध के दिनों की एक आध फिल्म को अगर छोड़ दें तो हॉलीवुड की फिल्मों को देखकर यह लगता है कि अमेरिका को सबसे ज़्यादा ख़तरा मंगल ग्रह से है।

हॉलीवुड की फिल्मों का इतना विस्तृत विवरण देने का कारण यह है कि वहाँ की फ़िल्मों की संरचना और उनकी विषयवस्तु उनके साम्राज्यवाद के विस्तार में सहयोगी होता है अन्यथा अमेरिकी राजसत्ता और अमेरिकी सेना की अन्तरिक्षीय शक्तियों पर विजय को इतना क्यों दोहराया जाता है? हॉलीवुड की फिल्मों को ध्यान में रखते हुए बम्बई के हिन्दी लोकप्रिय सिनेमा

मीना कुमारी
दिलीप कुमार
(देवदास)

पर विचार करें जिसके लिए 'बॉलीवुड' का शब्द तलाश किया गया है। तो यहाँ भी वही साम्राज्यवादी विस्तार साफ़ नज़र आता है। उदाहरण के लिए यहाँ की लगभग हर फ़िल्म में उत्तर भारतीय ऊँची जाति और ऊँचे वर्ग के परिवार की संरचना गठित होती है, पूरा माहौल भारत में रहनेवाली पहली दुनिया का होता है। तीसरी या चौथी दुनिया के लिए कुछ विशेष पात्र फार्मूलाबद्ध तरीके से गढ़े जाते हैं जैसे कोई तमिल, तमिल उच्चारण के साथ हिन्दी बोलकर मसखरापन करता हुआ नज़र आएगा, कोई चरित्र सरदार जी का हाव-भाव या भाषा से मूर्ख बनते हुए मिल जाएगा, कोई मुसलमान होगा जो पान खाकर फिजूल के काम करते हुए मिल जाएगा, एक भोपाली होगा जो कॉमेडी के नाम पर सिर्फ़ भड़ैती या मसखरेपन के लिए रखा जाता है और घर का नौकर तो हमेशा कोई बिहारी या नेपाली होगा जिसका नाम रामू या राम संजीवन होगा। ये नौकर हमेशा दया के पात्र बने रहते हैं।

ऐश्वर्या राय
(देवदास)

हिन्दी सिनेमा की पूरी विषय संरचना में ये मुस्लिम / भोपाली / सिख / तमिल / नेपाली / बिहारी आदि सिर्फ़ फ़िल्म की गति को आगे बढ़ाने या फ्रेम को बैलेन्स करने के लिए नायक/नायिका के साथ खड़े किए जाते हैं। इन चरित्रों का अपना कोई अस्तित्व नहीं होता है, हाँ अगर कोई हिम्मत करके उपरोक्त पात्रों को कोई नया नाम, आयाम या आवाज़ देने की कोशिश करे तो उस पहल को कला फिल्म की श्रेणी में डालकर नज़रअन्दाज़ कर दिया जाता है। यानी हाशिए के किरदारों को अगर कोई केन्द्रीय भूमिका में लाना चाहे तो फ़िल्म को ही हाशिए में डाल दिया जाता है। संक्षेप में हिन्दी सिनेमा का हर संवाद, कहानी और दृश्य पितृसत्तात्मक उच्चवर्गीय या भारत में रहनेवाली पहली दुनिया के मूल्यों को पोषित करता हुआ मिलेगा। वह इस तर्क के साथ नहीं कि ये जनता की ज़रूरत है बल्कि इस तर्क के साथ कि जो समाज में है उसे ही हमें दिखाना है या हम दिखाते हैं। इस भोले-से दिखनेवाले लेकिन शातिर तर्क के साथ कि हिन्दी सिनेमा बाज़ार की सारी शर्तें पूरी करता है और राज्य सत्ता के साथ गठजोड़ कर शुद्ध रूप से अपने मुनाफे को दुगना-तिगुना करता चला जाता है।

इससे ज़ाहिर है कि बॉलीवुड शब्द की स्थापना दरअसल एक तरह से साम्राज्यवाद को स्वीकार करना ही है और चूँकि भारतीय साम्राज्यवादी व्यवस्था, अमेरिका की विश्वस्तरीय साम्राज्यवादी व्यवस्था से प्रेरणा और आश्रय लेती रही है इसीलिए मानसिक गुलामों ने उनकी दासता को स्वीकार करते हुए हॉलीवुड से बॉलीवुड की भी प्रेरणा लेने में कोई परहेज नहीं किया। यहाँ यह बात ध्यान रखने की है कि जब 90 के दशक के आरम्भ में मुक्त आर्थिक नीति अपनाई गई उसी वक्त से 'ग्लोबलाइज़ेशन' का भी दौर शुरू हुआ था लेकिन दरअसल यह ग्लोबलाइज़ेशन भारतीय साम्राज्यवादियों का पश्चिमी साम्राज्यवादियों के बीच गठबन्धन था जिसे ग्लोबलाइज़ेशन का खूबसूरत नाम देकर तीसरी और चौथी दुनिया को धोखा दिया गया था और लगभग उसी वक्त से बम्बई की फिल्म नगरी 'बॉलीवुड' कहलाने लगी थी।

लेकिन यह भूल गए कि कला हमेशा आत्मसम्मान और संवेदनशीलता

के गठबन्धन से पोषित होती रही है। जो 'बॉलीवुड' के माध्यम से अपने आप को गौरवान्वित महसूस कर रहे हैं वह न सिनेमा को कला मानते हैं न उनका कोई आत्मसम्मान है और न ही उनके पास संवेदनशीलता है।

क्योंकि....

गुलाम होना आसान है

और आज़ादी एक कठिन कोशिश है।

अनवर जमाल, *साहित्य में स्नातकोत्तर की शिक्षा प्राप्त अनवर जमाल पहले स्वतंत्र पत्रकारिता में हाथ आजमा चुके हैं। उनको फिल्म-निर्माण के क्षेत्र में राष्ट्रीय और अंतरराष्ट्रीय पुरस्कार प्राप्त हो चुके हैं। संसार भर के सिनेमा समारोहों में वे अपनी फिल्मों के साथ शिरकत कर चुके हैं। दस वर्षों तक अनेक प्रसिद्ध डाक्यूमेंट्री बनाने के बाद इन्होंने सन् 2002 में अपनी पहली फीचर फिल्म का निर्माण किया- स्वराज- द लिट्ल रिपब्लिक। वे भागीरथी की पुकार, द वुमेन बिट्रेयड, सोनामाटी, कोल टेल्स एंड द लिट्ल रिपब्लिक जैसी फिल्मों का निर्माण एवं निर्देशन कर चुके हैं, अनेक राष्ट्रीय और अंतरराष्ट्रीय फिल्म समारोहों के निर्णायक मंडल में रह चुके हैं तथा अनेक फिल्म समारोहों के लिए फिल्मों के चयन से संबंधित रह चुके हैं।*

रिमिक्स भारतीय सिनेमा

सचिन गाँधी

भारतीय सिनेमा का एक नया रूप कई वर्षों से पश्चिमी दुनिया में अपनी पहचान बना रहा है—अमेरिकी-भारतीय आप्रवासी सिनेमा जिसके कुछ ताजा उदाहरण हैं अमेरिकन, देसी, *ए बी सी डी* (अमेरिकन बॉर्न कनफ्यूज्ड देसी) और *अमेरिकन चाय*। अमेरिकी-भारतीय फिल्मों का चलन नया नहीं है, लेकिन हाल में इन फिल्मों को अमेरिकी दर्शकों की काफी सराहना मिली है।

अंतरा माली

इन अमेरिकी-देसी फिल्मों की जमीन एक सी ही होती है—कैसे अमेरिका-जन्मे भारतीय अपने अमेरिकी जीवन और परम्परागत भारतीय मूल्यों के बीच फँसे रहते हैं। ये फिल्में आमतौर पर द्वितीय पीढ़ी के भारतीयों के अपने-आप को अमेरिकी न बना पाने की खीज को उजागर करती दिखती हैं। साथ ही, ये आज की फिल्में अमरीकी भारतीयों के दृष्टिकोण से बनी होती हैं जो परम्परागत भारतीय मूल्यों से हटकर अपनी पहचान बनाने में लगी हैं। हो सकता है इन फिल्मों के अलग-अलग दृष्टिकोण होते हों पर वे सब एक तरह की फॉर्मूला फिल्में ही नजर आती हैं। इन फिल्मों को थोड़ा ध्यान से देखने

पर स्पष्ट हो जाता है कि उनकी कहानी में एक से तत्त्व होते हैं; पहली पीढ़ी के परम्परागत माता-पिता खलनायक के रूप में दिखाए जाते हैं। भारतीय माता-पिता अपने अमेरिकी बच्चों के बाहर आने-जाने, शादी आदि अधिकारों को अपने नियंत्रण में रखते हैं। अमेरिकी भारतीय बच्चे अपने माता-पिता के दमन और स्वतंत्र जीवन जीने के लिए अपने माता-पिता से दूर रह रहे हैं और भारतीय संस्कृति से दूर जा रहे हैं। अमेरिकी देसी भारतीय संस्कृति, संस्कार, प्रार्थना, खान-पान आदि छोड़ते जा रहे हैं। अकसर एक प्रेम-कहानी होती है—अगर दो अमेरिकी-भारतीय बच्चे हुए, तो उनमें से एक (ज्यादातर लड़की) दूसरे को अपनी पहचान के महत्त्व को समझाती है। दूसरी कहानी यह हो सकती है कि दूसरी पीढ़ी के भारतीयों को अभारतीयों के साथ सम्बन्ध बनाने में क्या-क्या मुश्किलें आती हैं। इन फिल्मों में आमतौर पर परम्परागत माता-पिता होते हैं, नए आप्रवासी विदेश में अपनी जगह बनाने में लगे हैं, आदि। आखिरकार, फिल्म में एक बॉलीवुड अभिनेता की भी पर्याप्त भूमिका हो सकती है—जैसे पिता के रूप में।

अगर कोई नया अमेरिकी-भारतीय एक फिल्म बनाना चाहता है तो ऊपर के तत्त्वों को उठा लेता है और उसके इर्द-गिर्द एक प्रेम-कहानी बुन लेता है। एक बार जब फिल्म पूरी हो जाती है तो उसे नायाब घोषित कर दिया जाता है। फिल्म का बाहरी माहौल अलग हो सकता है (यूनिवर्सिटी, काम करने की जगह, आदि) लेकिन कहानी एक सी ही होती है।

पर्दे के बाहर ये कहानियाँ 60-70 के दशकों के भारतीय आप्रवासी

के जीवन की घटनाओं से उपजी थीं। ज्यादातर पहली पीढ़ी के आप्रवासी यहाँ जेब में कुछ ही डॉलर लेकर आए और यहाँ जीने के लिए उन्हें कड़ा संघर्ष करना पड़ा। उनके बच्चे सत्तर-अस्सी के दशकों में बॉलीवुड की फिल्में देखते बड़े हुए—विशेषकर अमिताभ बच्चन की।

कैशोर्य आने पर बच्चों के अपने अभिभावकों से मतभेद उभरे। बच्चे देर रात तक घर से बाहर रहना चाहते थे, या वो करना चाहते थे जो उनके क्लास के अन्य सहपाठी करते थे। मगर इन चीजों की मनाही हुई, तो बच्चों में गुस्सा और निराशा फैली। स्कूल बच्चों के मेल-जोल बढ़ाने की जगह होती है, और बच्चे एक-दूसरे से घुलना-मिलना चाहते हैं। मनाही से बच्चों में निराशा बढ़ती है और घर से बेगानापन।

लड़का दो समान्तर जिन्दगियाँ जीने लगता है—एक अपने माँ-बाप के सामने, दूसरा अमेरिकी समाज में। कुछ समय बाद, युवा अमेरिकी-भारतीयों को समझ आया कि जितने उनके जैसे और भारतीय भी हैं अपने माता-पिता से नहीं बनती। एक भाईचारा बना। एक नई संस्कृति बनी—अमेरिकी-भारतीय जीवन-शैली के मिश्रण से। उस दौर के कुछ भुक्तभोगियों ने कैमरा उठाया और अपनी कहानी कह डालने का फैसला किया। एक के बाद एक दूसरी पीढ़ी के भारतीय अपनी कहानी कह रहे हैं। उनकी कहानियाँ एक सी होती हैं, और इसलिए फॉर्मूला लगती हैं।

मीरा नायर की फिल्म 'मिसीसीपी मसाला' (1991) इस तरह की आरम्भिक फिल्मों में से एक थी। अमेरिका में रहनेवाले भारतीयों की सांस्कृतिक भिन्नता के अलावा इन फिल्मों ने कुछ अन्य विषयों को भी छुआ है, मसलन अफ्रीकी-अमेरीकियों की समस्याएँ या नए-नए आए भारतीय आप्रवासी आदि-आदि। इन सबके केन्द्र में भारतीय युवती और अफ्रीकी-अमेरिकी पुरुष के बीच प्रेम-कहानी होती है। वह युवती स्वतन्त्र रहना चाहती है पर पिता को विरोधी पाती है। उसकी प्रेम-कहानी भारतीय समाज में गासिप का विषय बन जाती है, जिससे उसके माता-पिता की खीझ ही बढ़ती है। 1970 के दशक से बॉलीवुड सिनेमा में पिता-पुत्री के द्वन्द्व की कहानी कही जाती रही है (यहाँ तक कि 2000 में प्रदर्शित फिल्म मोहब्बतें की भी यही

शाहरुख खान
(मोहब्बतें)

कहानी है)। यही तत्त्व अब अमेरिकी-भारतीय सिनेमा की बुनियाद में भी देखा जा सकता है।

उसी प्रकार, मनोज नाइट श्यामलन ने भी अपने फिल्मी-जीवन की शुरुआत 1992 में इसी प्रकार की एक फिल्म 'प्रेइंग विद एंगर' से की थी। वह फिल्म अमेरिका में पैदा हुए एक भारतीय के बारे में थी जो कॉलेज अदला-बदली के कार्यक्रम के तहत भारत पढ़ने जाता है। जब वह भारत आता है तो एक बिलकुल भिन्न संस्कृति अपने चारों ओर पाता है—भले ही उसकी रंगत अपने आस-पास के लोगों जैसी रही हो, पर उसकी सोच, उसका व्यवहार उनसे अलग ही था। इस सिनेमा का मूल भी यही था कि भिन्न समाजों में एक व्यक्ति कैसे सांस्कृतिक भिन्नता का अनुभव करता है। इस फिल्म की विशिष्टता यह थी कि इसके मुख्य पात्र को उसके अमेरिकी जीवन-शैली से हटाकर भारतीय साँचे में डाल दिया गया था।

कैज़ाद गुस्ताद की फिल्म 'बॉम्बे ब्वॉयज' (1998) की कहानी एक आप्रवासी के भारत वापसी के दृष्टिकोण से कही गई है। इस फिल्म के तीन पात्र लन्दन, सिडनी और न्यूयॉर्क से भारत अपने खास व्यक्तिगत काम से आते हैं—एक्स. मिस्त्री (अलेक्जेन्द्र गिफॉर्ड) अपनी तलाश में हैं। रिकॉर्डो फनोंडीस (राहुल बोस) अपने बिछुड़े भाई की खोज में हैं; कृष्णा साहनी (नवीन एण्ड्रूज) बॉलीवुड फिल्मों में अभिनय में भाग्य आज़माना चाहता है। फिल्म इन भारतीयों के संघर्ष को दर्शाती है, और सवाल कि आप क्यों गए, क्यों आए? जो स्थानीय लोगों के साथ बातचीत में रोज उभरती है।

हैदराबाद ब्लूज़ में भी अन्तःसांस्कृतिक विचारधारा मुख्य मुद्दा है। 12

साल अमेरिका में बिताने के बाद भारतीय जीवन के हर पहलू पर सवाल खड़ा करने लगता है—खान-पान, आचार-विचार जिससे रोज़ का जीवन चलता है। हालाँकि फिल्म का मुख्य पात्र अमेरिका में पैदा नहीं हुआ है, बल्कि उसने वहाँ इतने दिन जरूर बिताए हैं कि वह दोनों संस्कृतियों के बारे में अपनी राय बना सके।

हालाँकि *बॉम्बे ब्वॉयज* और *हैदराबाद ब्लूज़* ने अमेरिकी दर्शकों के बीच भी थोड़ी-बहुत सफलता अर्जित की, पर ये फिल्में मूलतः भारत में ही दिखाई गईं। 'इस्ट इज़ इस्ट' (इसकी कहानी सत्तर के दशक की ब्रिटिश समझ के मुताबिक है) ने बड़े ही विश्वस्त भाव से आप्रवासी सिनेमा को अन्तर्राष्ट्रीय नक्शे पर स्थापित किया। मीरामैक्स ने फिल्म का प्रचार-प्रसार किया और जल्दी ही फिल्म को पश्चिमी दर्शकों के बीच अपार सफलता मिली। इस्ट इज़ इस्ट के बाद अमेरिकी-भारतीय दृष्टि से आप्रवासी फिल्म बनाने की होड़ मच गई—*चटनी पॉपकॉर्न* (1999), *एबीसीडी* (1999), *अमेरिकन देसी* (2001) और हाल ही में प्रदर्शित *अमेरिकन चाय मिसीसीपी मसाला* और *बॉम्बे ब्वॉयज* जैसी फिल्मों की कहानी तो आप्रवासी भारतीय की ही थी, पर उनमें न तो निर्देशकों की व्यक्तिगत दृष्टि थी और न ही माता-पिता से पात्रों का उनमें संघर्ष था। अमेरिकी-भारतीय फिल्मों की नई धारा में पात्रों और माता-पिता का सीधा संघर्ष दिखता है।

(मोहब्बतें)

पहले ऐसी फिल्मों का अमेरिका में कुछ खास दर्शक-वर्ग नहीं था। हाल के वर्षों में विदेशी फिल्मों और स्वतन्त्र फिल्म आन्दोलन को अमेरिका में खासी तरजीह दी जा रही है। अमेरिकी दर्शक खास तरह के हॉलीवुड फॉर्मूला फिल्मों से ऊब चुके हैं (चाहे वह एक्शन फिल्म हो, या देशभक्तिपरक युद्ध-फिल्में या अपराध फिल्में हों), और नए आइडिया की तलाश में वे बाहर की फिल्मों का मुँह देख रहे हैं। अमेरिकी फिल्म-उद्योग में नई जान डालने के लिए, अमेरिकी स्टुडियो ज्यादा से ज्यादा स्वतन्त्र फिल्मकारों को धन मुहैया करवा रहे हैं। यूरोपीय और दक्षिण अमेरिकी फिल्मों के रीमेक बना रहे हैं और एशियाई फिल्मों को अमेरिकी निर्माण कम्पनियों के तले रिलीज कर रहे हैं। अमेरिकी-भारतीय फिल्में आसानी से अन्तर्राष्ट्रीय दर्शक वर्ग को आकर्षित कर रही हैं। इन फिल्मों को नई जमीन वाली मील का पत्थर माना जा रहा है।

सामान्यतः ढेरों हॉलीवुड और स्वतन्त्र अमेरिकी फिल्मों में अमेरिकी जीवन-शैली को विभिन्न दृष्टिकोणों से दिखाया जाता है—चाहे वह फुटपाथ के बच्चे का दृष्टिकोण हो, या मध्यवर्ग के आदमी को, घरेलू महिला का, या युवावर्ग का। अमेरिकी संस्कृति विभिन्न जातीय समूहों के मेल से बनी है और इस प्रकार की अमेरिकी-भारतीय फिल्मों को सांस्कृतिक भिन्नता के नाम पर पसन्द किया जाता है। इस प्रकार की फिल्में विभिन्न सांस्कृतिक दृष्टिकोणों से अमेरिकी जीवन-शैली को देखते हैं। अन्य देशों के विपरीत अमेरिका में बड़ी आसानी से विभिन्न संस्कृतियों और विचारों को अपना बना लिया जाता है। देश की आबादी एक झण्डे और विचारधारा के तले सुकून पाती है। अमेरिकी-भारतीय फिल्मों का मिश्रण अमेरिकी ढंग के जीवन को ही दर्शाता है।

पिछले कुछ समय से, अमेरिकी-भारतीय आबादी का एक बड़ा हिस्सा अपनी विशिष्ट पहचान बनाने में लगा है। अलग दिखने के क्रम में वे काले कपड़े पहनते हैं, टैप, रिमिक्स आदि संगीत सुनते हैं। हर भारतीय चीज से (विशेषकर अपने माता-पिता से) नफरत करते हैं और 'अमेरिकी' ढंग का जीवन जीते हुए भी समकालीन बॉलीवुड 'स्टारों' की फिल्मों का

(मोहब्बतें)

आनन्द उठाते हैं।

ऐतिहासिक रूप से भारतीय रिमिक्स संगीत सांस्कृतिक संघर्ष से पैदा हुआ है। द्वितीय पीढ़ी के भारतीय पाश्चात्य संगीत का आनन्द उठाना चाहते थे, पर उनके माता-पिता भारतीय संगीत का। उसका तरीका दोनों संगीत के मिश्रण से एक बीच का रास्ता रिमिक्स के रूप में सामने आया।

आप्रवासी सिनेमा में इस रिमिक्स संस्कृति की झलक मिलती है और अमेरिकी भारतीय और बॉलीवुड सिनेमा के गठजोड़ की झलक भी। ये फिल्में एक व्यक्तिगत कहानी कहने का यत्न करती हैं और साथ ही, उनमें ज्यादातर बॉलीवुड फिल्मों के परम्परागत तत्त्व भी पाए जाते हैं। बड़ा पर्दा द्वितीय पीढ़ी के भारतीयों के लिए अपनी कहानी कहने और खीझ मिटाने का माध्यम बन चुका है। भारतीय संस्कृति की बुराई अमेरिकी भारतीयों की आकांक्षाओं, उनकी सच्ची भावनाओं को दर्शाती है। वे अमेरिका में पैदा हुए हैं और इसलिए अमेरिकी हैं—वे उस देश के मूल्यों और संस्कारों के सहारे नहीं जीना चाहते जो उस देश के हैं जहाँ वे कभी गए ही नहीं। आधुनिक तकनीक, जैसे इण्टरनेट और डिजिटल कैमरा के कारण इन फिल्मों को बनाना पहले की तुलना में आसान हो गया और उन्हें बनाने के लिए न तो ज्यादा पैसों की आवश्यकता होती है न समय धन की। ये फिल्में निर्देशकों के घर में, विश्वविद्यालय कैम्पस में या कार्य स्थल पर शूट की जा सकती हैं और उनमें बार, रेस्तराँ और डिस्को के दृश्य होते हैं।

वास्तव में हर संस्कृति में पीढ़ियों के बीच संघर्ष होता है। पिछले दशकों

में अन्य देशों और संस्कृतियों ने भी आप्रवासी फिल्मों का निर्माण किया है। लेकिन साथ ही, अन्य संस्कृतियाँ और फिल्म-उद्योग नए-नए विचारों की तलाश में रहे हैं। लेकिन दुर्भाग्यपूर्ण ढंग से भारतीय सिनेमा-संस्कृति प्रेम-कहानियाँ और पारिवारिक ड्रामे के बीच झूलता रहा है। बॉलीवुड में अभी भी प्रेम-कहानियों का दौर चल रहा है। इस तरह की फिल्मों की सफाई में यह कहा जा सकता है कि भारतीय जनता सिनेमा के ज्यादा कथा-रूपों के प्रति खुले हुए नहीं हैं। हालाँकि अमेरिका में नए-नए ढंग की पटकथाओं को प्रोत्साहित किया जाता है, अमेरिकी भारतीय इसीलिए आप्रवासी सिनेमा में हाथ आज़मा रहे हैं। अमेरिकी स्वतन्त्र फिल्में उन अँधेरों की पड़ताल करती हैं जैसा कि आमतौर पर हॉलीवुड स्टुडियो की फिल्मों में नहीं होता। लेकिन युवा अमेरिकी भारतीय फिल्मकार लगता है अपने घर और आस-पड़ोस की समस्याओं में ही ज्यादा उलझे हुए हैं। वैसे एक नई शुरुआत हो चुकी है—ऐसे अमेरिकी भारतीय फिल्मों की सफलता अन्य युवा भारतीयों को अपनी कथा बड़े पर्दे पर लाने के लिए प्रोत्साहित करेगा भले ही कथा कुछ भी हो।

मीरा नायर

बहरहाल, इस तरह की फिल्में फिल्म-उद्योग में अपना रास्ता बंनाने का आसान ज़रिया है। बॉलीवुड या हॉलीवुड में अपना नाम बनाना आसान नहीं होता। सबसे बढ़कर हॉलीवुड में भारतीयों को खास तरजीह नहीं दी जाती। अगर कोई द्वितीय पीढ़ी का भारतीय हॉलीवुड फिल्म में रोल पा भी जाता है, तो उसे भारतीय ढंग की ही भूमिका मिलती है। इसलिए अमेरिकी भारतीय सिनेमा ऐसे लोगों की प्रसिद्धि का आसान जरिया है। ऐसी फिल्मों की गुणवत्ता से कोई फर्क नहीं पड़ता—अगर अमेरिकी दर्शक और आलोचक

उसे ठुकरा भी दें तो भी दूसरी पीढ़ी के भारतीय उसमें अपनी छवि देखते रहेंगे।

उम्मीद की जा सकती है जब ऐसी व्यक्तिगत कहानियाँ समाप्त हो जाएँगी, और निराशा कुछ कम हो जाएगी तब नए फिल्मकार ताज़ा और मौलिक फिल्में बनाएँगे। मनोज नाइट श्यामलन का उदाहरण सामने है। आप्रवासी सिनेमा से अपना कैरियर शुरू करने वाले श्यामलन ने बाद में अच्छी पटकथाओं पर हाथ आज़माए। शायद किसी दिन अमेरिकी भारतीय संस्कृति सांस्कृतिक दबावों से मुक्त होकर मौलिक कथाओं पर काम करेगी।

सचिन गांधी, *कैलगरी में रहने वाले स्वतंत्र पत्रकार हैं।*

आप्रवासी भारतीय की पसन्द

सचिन गाँधी

हाल में भारत से बाहर बॉलीवुड सिनेमा की खासी पूछ होने लगी है।

बॉलीवुड के फिल्मकार आप्रवासियों की पसन्द की फिल्में बनाने में लगे हैं। घिसी-पिटी कहानियों के बावजूद ये फिल्में भारत के बाहर अच्छी कमाई कर रही हैं। ये आप्रवासी वही नाच-गाना, रोना-धोना क्यों देखते हैं? ऐसा लगता है कि भारत के बाहर ये फिल्म ज्यादा अर्थपूर्ण हो जाती हैं।

भारत में ज्यादातर लोग बॉलीवुड सिनेमा मनोरंजन

चोरी-चोरी चुपके-चुपके

और समय काटने के ख्याल से देखते हैं। वैसे आप्रवासियों के एक खास वर्ग के लिए बॉलीवुड की प्रेम-कहानियाँ मनोरंजन से कुछ अधिक होती हैं—वे आप्रवासी उससे अपना खालीपन भरते हैं। ये फिल्में उनके सामाजिक, व्यावसायिक और पारिवारिक पहलुओं को सँवारती हैं। इसलिए बॉलीवुड फिल्मों के आप्रवासियों पर प्रभाव को समझने के लिए आप्रवासी-जीवन को समझना आवश्यक है।

आप्रवासियों में ज्यादातर वे हैं जिन्होंने 1990 से पहले देश छोड़ दिया था। उस समय वे देश की खास छवि लिये जाते थे। भारत तो उसके बाद काफी बदल चुका है, पर आप्रवासियों के दिमाग में भारत की वही पुरानी छवि है। वे अब भी उसी पुराने भारत के ख्यालों में जीते हैं। शुरू में भारत से बाहर का जीवन काफी आकर्षित करता है। पर, यथार्थ उससे काफी अलग है।

घर से दूर शुरुआती जीवन अकेला, संघर्षभरा हो सकता है। व्यक्ति को पैसा कमाने और एक विपरीत संस्कृति के अनुरूप स्वयं को ढालने के लिए काफी संघर्ष करना पड़ता है। भारत से दूर यह नया जीवन आप्रवासियों को परम्परागत भारतीय सांस्कृतिक मूल्यों के लिए खतरा लगने लगा। इन परिस्थितियों में वे या तो अपनी संस्कृति के किसी परिवर्तन का विरोध करें या विदेशी संस्कृति के अनुरूप स्वयं को ढाल दें। बहुत थोड़े से लोग दोनों प्रकार की जीवन-शैली के साथ निभा पाते हैं।

नई संस्कृति के विरोध में व्यक्ति एक खोल अपने आसपास बना लेता है—अपने परम्परागत मूल्यों का खोल। बदलाव के प्रति प्रतिरोध मानव-स्वभाव का हिस्सा रहा है। इतिहास में ऐसे उदाहरण मिलते हैं जब बदलावों को मनुष्य का विरोध सहना पड़ा है। आदमी के मूल्यों पर जब खतरा आता है तो वह उससे और भी चिपट जाता है।

आप्रवासी जीवन के आरम्भ में व्यक्ति सामान्य-सी चीजों की कमी पाता है, मसलन रोज का शोर-शराबा, त्यौहार, शादी-ब्याह की धूम आदि-आदि। जब विदेश में आदमी इन चीजों की कमी पाता है, तो वह कमी उसे बेहद खलती है। बॉलीवुड सिनेमा आप्रवासियों को परम्परागत सांस्कृतिक मूल्यों के साथ-साथ भारतीय जीवन की झाँकियाँ दिखाता है—व्रत-त्यौहार,

शादी, संस्कार।

आप्रवासी जीवन के प्रति विशेष सम्मान बरतते हुए फिल्मकार इस बात का खास ध्यान रखते हैं कि परम्परागत कहानी और आधुनिक तकनीक यानि इण्टरनेट, मोबाइल फोन दोनों साथ-साथ चलें। बॉलीवुड में लगता है पुराने विचारों को नई तकनीकों के पीछे छुपा दिया जाता है। बॉलीवुड में इण्टरनेट शादियाँ तय करने के काम आता है और मोबाइल फोन गाने में इस्तेमाल होता है (उदाहरण के लिए यह गाना—व्हाट इज़ योअर मोबाइल नम्बर)।

दुर्भाग्यपूर्ण तरीके से यह खयाल आप्रवासियों को भाता है जिनका अत्याधुनिक तकनीक पर तो नियन्त्रण है, पर वे घिसे-पिटे परम्परागत मूल्यों से चिपके रहना चाहते हैं। बॉलीवुड के फिल्मकार अपनी फिल्मों में बीच-बीच में आप्रवासियों की भावनाओं में उबाल लानेवाले दृश्य डालते रहते हैं—राष्ट्रभक्ति के तत्त्व, पारम्परिक भजन, आरती आदि इन फिल्मों में समय-समय पर हम देख चुके हैं। स्वाभाविक रूप से ऐसे दृश्य आप्रवासी भारतीयों को अन्धा कर देते हैं। यहाँ 'दूध का जला छाछ भी फूँक-फूँककर पीता है' मुहावरा

काम नहीं करता। वे बार-बार वही देखना चाहते हैं—भारतीय जीवन का वह रस जो वे नहीं पा सके। उस काल्पनिक जीवन को वे तीन घंटे के नाच-गाने में पाते हैं।

जाहिर है, उन फिल्मों में कल्पना को हमारी सोच से भी काफी परे ले जाया जाता है। जितनी बड़ी वह काल्पनिक भव्यता होती है, फिल्म उतनी ही सफल होती है। इस तीन घंटे की कल्पना के बाद आप्रवासी भारतीय अपने ढर्रे पर लौट आते हैं। कुछ उत्तरी अमेरिकी शहरों में भारतीय जनसंख्या काफी कम है। वहाँ रहनेवाले भारतीयों को हिन्दी या कोई अन्य भारतीय भाषा सुने महीनों गुजर जाते हैं। भारतीय जुबान उन सबसे अनजानी बनने लगती है। बॉलीवुड सिनेमा ऐसे में राहत के झोंके की तरह है।

ये फिल्में कुछ वैसे ही असर करती हैं जैसे डायबिटीज के मरीज के लिए इन्सुलिन की दवा काम करती है। वे आप्रवासी भारतीय को अगले दिन के जीवन-संघर्ष के लिए तैयार करते हैं। सिनेमा उनके जीवन में भारतीय तत्त्वों की कमी को पूरा कर देता है।

आप्रवासी भारतीय बॉलीवुड सिनेमा के माध्यम से अपना सामाजिक जीवन भी ढालते हैं। हालाँकि हर शहर में ऐसी फिल्में दिखाने के लिए थिएटर नहीं हैं। जिन शहरों में भारतीयों की जनसंख्या 20,000 से कम है वहाँ शायद ही कोई भारतीय फिल्म दिखाई जाती है। जिन शहरों में उनकी जनसंख्या 20,000 से 50,000 के बीच होती है वहाँ भारतीय सप्ताहान्त में (शुक्रवार-रविवार) में अंग्रेजी सिनेमा दिखानेवाले थिएटर में किराए पर लेकर उनमें भारतीय फिल्में दिखाते हैं। इस मामले में केवल लोकप्रिय एवं बहुचर्चित फिल्मों को ही दिखाया जाता है। सुभाष घई और यश चोपड़ा की फिल्में दिखाई जाती हैं—वे यहाँ के भारतीयों में काफी लोकप्रिय हैं। यही हाल आमिर खान और शाहरुख खान की फिल्मों का है। इस तरह की फिल्मों से आयोजकों को लाभ की उम्मीद रहती है जिन शहरों में भारतीय आबादी 50,000 से अधिक है वहाँ थिएटर में नियमित रूप से बॉलीवुड फिल्में दिखाई जाती हैं।

फिल्म शो का मतलब वहाँ होता है परिवार के साथ बाहर जाना। यहाँ भारत में भारी भीड़ के कारण नई फिल्मों के टिकट नहीं मिल पाते। दूसरी

तरफ उत्तरी अमेरिका में टिकट आसानी से मिल जाता है। वहाँ लाइनें केवल थिएटर में जाने के लिए लगती हैं। टिकट खरीदने के लिए नहीं। इसलिए, वहाँ तीन पीढ़ियों को एक साथ फिल्म देखते हुए पाया जा सकता है। इसलिए ऐसी फिल्मों का चुनाव जरूरी होता है जिसे सपरिवार देखा जा सके। परम्परागत भारतीय मूल्यों एवं संस्कारों को दिखानेवाली फिल्म इसके लिए मुफीद ठहरती है बजाय वास्तविक समस्याओं से उलझनेवाली फिल्म के।

जिन शहरों में भारतीय आबादी कम है वहाँ सिनेमा हाल सामाजिक मेल-जोल की जगह बनता है। उदाहरण के लिए, जिन शहरों की भारतीय आबादी 30,000 से 50,000 के बीच होती है वहाँ सिनेमाघरों में अच्छी-खासी भारतीय आबादी देखी जा सकती है—वह उनके मिलने-मिलाने की जगह की तरह होती है। भारतीय स्त्रियाँ सिनेमाघरों में जाते हुए भारतीय वस्त्र पहनती हैं, जो उनके लिए ऐसे पहन पाना सम्भव नहीं होता। कुछ भारतीय पुरुष औपचारिक वस्त्रों—सूट, टाई पहनकर थिएटर में जाना पसन्द करते हैं। युवा भारतीय सिनेमाघरों के बाहर जेब में हाथ डाले खड़े होते हैं कि शायद उन्हें वहाँ सचमुच की कोई भारतीय स्त्री दिख जाए। इन शहरों में सड़कों पर, रेस्तराँ में भारतीय स्त्रियों के दर्शन नहीं होते। तो ये सिनेमाघर भारतीय युवाओं को भारतीय युवतियों से आँखें लड़ाने का मौका देते हैं—अगर वे स्त्रियाँ हिन्दी सिनेमा देखने आ रही हैं, तो वे सच्ची भारतीय ही होंगी।

भारतीय युवतियाँ भोली-भाली भारतीय बेटियों की भूमिका में होती हैं कोने में खड़े भारतीय पुरुषों को देखती। लाइन में खड़ी अकेली भारतीय युवती सम्भावित दुल्हन हो सकती है। कोई बुजुर्ग महिला उसके पास जाएगी और उससे पूछताछ करेगी—सब एक ही समुदाय के लोग होते हैं। सिनेमा की भीड़ परदेस में भारतीयों को समुदाय का अहसास करवाती है—यह अहसास कि वे परदेस में अकेले नहीं हैं। जब हाल में अँधेरा हो जाता है तो सारे आप्रवासी अपने-अपने भारत में वापस लौटने जैसा महसूस करने लगते हैं। वे सब बिना किसी परेशानी के वैसे ही अपनी पसन्द की फिल्म देखते हैं जैसे भारत में देखते थे।

फिल्मों के नाच-गाने आप्रवासी भारतीयों में सांस्कृतिक चेतना जगाती

है। कुछ आप्रवासी भारतीय होली, दीवाली, भारत दिवस समारोहों के माध्यम से भारतीय संस्कृति की अलख जगाए रखते हैं। इस तरह के समारोहों में बच्चों के नृत्य-कार्यक्रम होते हैं—बच्चों को अपने माता-पिता के सामने नाचने-गाने के लिए प्रोत्साहित किया जाता है ताकि वे भारतीय धरोहर सम्बन्धी अपने ज्ञान का परिचय दे सकें। वे नाच-गाने नई बॉलीवुड फिल्मों के होते हैं। कुछ प्रसिद्ध नाच-गानों को बार-बार दोहराया जाता है। उदाहरण के लिए, अंजाम फिल्म में 'चने के खेत में' गाने पर माधुरी दीक्षित के नृत्य की कनाडा के विभिन्न शहरों में भारत दिवस समारोहों में खूब नकल की जाती है। कुछ आप्रवासी भारतीय कहानी के लिए नहीं, बल्कि खूबसूरत नृत्यों के लिए ही फिल्म देखते हैं ताकि वे अपने बच्चों को सिखा सकें।

स्थानीय भारतीय व्यवसायी भी बॉलीवुड को भुनाने में लगे रहते हैं। भारतीय कपड़ों के स्टोर में बॉलीवुड फिल्मों जैसे कपड़ों को रखा जाता है। अन्य भारतीय दूकानों में सिनेमा के पोस्टर, सीडी, वीडियो, फिल्म पत्रिकाएँ लोगों के माँग पर बेची जाती हैं। स्थानीय टीवी और रेडियो पर समय खरीदकर हिन्दी गाने दिखाए-सुनाए जाते हैं। उनको स्थानीय भारतीय व्यवसायी प्रायोजित करते हैं। कार इंश्योरेंस, शराब, मकान, चश्मे, भारतीय मसाले सब बॉलीवुड के गानों के धुन के संग बेचे जाते हैं।

परिवार के मामले में बॉलीवुड सिनेमा आप्रवासी भारतीय परिवार को एक रखने में बड़ी भूमिका निभाता है। ज्यादातर आप्रवासी भारतीयों के बच्चे या तो कम उम्र में भारत छोड़ देते हैं या भारत से बाहर ही पैदा होते हैं—उन बच्चों को या तो भारत याद नहीं रहता या वे वहाँ गए ही नहीं होते हैं। वे अपनी अभारतीय जीवन-शैली में अपने माता-पिता के मूल्यों, नैतिकता, संस्कार आदि को नहीं समझ पाते हैं। भारतीय सिनेमा उन्हें भारत की एक झलक देता है, भले ही वह नकली हो, बनावटी हो। बचपन से ही उन बच्चों को थिएटर में ये फिल्में दिखाई जाती हैं—वे उन्हें देखते हुए बड़े होते हैं। कुछ उन फिल्मों में दिखाए गए रंगों, संस्कारों से मोहित हो जाते हैं। कुछ बच्चे जो भारतीय संस्कृति से नफरत करते हैं वे भी इन फिल्मों को पसन्द करते हैं, कुछ फिल्मों को तो पसन्द नहीं करते पर नाच-गाने पर लट्टू हो जाते

हैं। ये फिल्में एक प्रकार से आप्रवासी भारतीयों और उनके बच्चों के बीच बातचीत का माध्यम बनती हैं। वे वैसे तो किसी मामले में सीधे बात न भी करते हों पर फिल्म साथ-साथ देखते हैं। यहाँ बॉलीवुड सिनेमा परिवार के बीच मौन बन्धन का काम करता है।

सिनेमाघर कुछ आप्रवासी भारतीय अभिभावकों की मनाहियों में एक प्रकार की कमी भी दिखाता है। कुछ आप्रवासी भारतीय अपने बच्चों को रात को देर तक बाहर रहने से मना करते हैं। भारतीय सिनेमा क़भी-कभी अभिभावकों को इस बन्धन में ढील देने के लिए उकसाता है। हर शहर में हिन्दी सिनेमा दिखाने के लिए थिएटर नहीं होते—कुछ अंग्रेजी फिल्में दिखानेवाले सिनेमाघरों को ही उसके लिए किराए पर लिया जाता है। शुक्रवार, शनिवार की रात को जब उन सिनेमाघरों में अंग्रेजी फिल्मों के शो खत्म हो जाते हैं तब उन्हें भाड़े पर लेकर उसमें हिन्दी फिल्म का शो होता है। शुक्रवार-शनिवार की रात अकसर 11.45 बजे इन फिल्मों के शो होते हैं जोकि सुबह तीन बजे तक चलते हैं। कुछ उत्तर अमेरिकी शहरों में तो देर रात में *ताल* और *मोहब्बतें* जैसी फिल्मों के शो आयोजित हुए—1-2 बजे रात में फिल्म शुरू हुई जो 4-5 बजे सुबह तक चली—किसी भी रूप में सिनेमा देखने का सही समय नहीं माना जा सकता।

कभी-कभी आप्रवासी, भारतीय-बॉलीवुड का रिश्ता दुधारी तलवार की तरह होता है। *यादें* और *कभी खुशी कभी गम* है तो *परदेस* और *आ अब लौट चलें* भी हैं। अन्तिम दो फिल्मों में आप्रवासी भारतीयों को जिस प्रकार दिखाया गया है—युवा आप्रवासी पीढ़ी उसकी आलोचना करती दिखती है—उन्हें लगता है कि आप्रवासियों के इस प्रकार के चित्रण से बॉलीवुड ने उन्हें छला है। इन दोनों फिल्मों में अच्छे बनाम बुरे का द्वन्द्व दिखाने के लिए स्टीरियो टाइप आप्रवासी भारतीय चरित्र का चुनाव किया गया है। भारतीय सिनेमा में स्टीरियो टाइप पात्र असामान्य नहीं होते। दशकों से बॉलीवुड सिनेमा में सिक्ख, दक्षिण भारतीय, गोवाई, पारसी, बंगाली पात्रों का एकायामी चित्रण होता रहा है। इस तरह के भारतीय स्टीरियो टाइप की आप्रवासी युवा आलोचना नहीं करते। आप्रवासी भारतीयों का चित्रण उनका अपना मसला

है—वे आहत अनुभव करते हैं कि उन्हें फिल्मकारों ने केवल व्यंग्यात्मक उपादान बना दिया।

जहाँ तक बॉलीवुड का सवाल है तो उसका मकसद चाहे जैसे भी हो पैसा कमाना है। आप्रवासी भारतीयों को संस्कार आदि दिखाकर भावनात्मक रूप से ठगने के अलावा फिल्म उद्योग आप्रवासी भारतीय के मसले को यूँ भुनाने में लगा है कि वह बार-बार वही कहानियाँ दोहराने में लगा है। अतीत के हिन्दी फिल्मों में लड़के-लड़की की प्रेम कहानी में आर्थिक असमानता बड़ा मसला होती थी। अब वही पैसा प्रेमी समुदाय भारत के बाहर जाकर एन आर आई कहलाने लगा है। यहाँ संघर्ष तब पैदा होता है जब आप्रवासी भारतीयों के लड़के-लड़कियाँ परम्परागत भारतीय से शादी करने का फैसला करते हैं। केवल 'आप्रवासी भारतीय' कह देने से उन पुरानी कहानियों में नयापन आ गया।

आप्रवासी भारतीय बड़ी संख्या में बॉलीवुड फिल्में देखने कई कारण से आते हैं भावनात्मक, देशभक्ति, समय काटना, सामाजिक जिम्मेदारी, भारतीय लोगों को देखना आदि-आदि। बॉलीवुड सपनों और आकांक्षाओं को बेचता रहा है। हालाँकि आप्रवासी भारतीयों के कुछ समुदायों के लिए बॉलीवुड वैकल्पिक यथार्थ बेचता है—अभारतीय जीवन को पूरा करने के लिए।

सचिन गांधी, *कैलगरी में रहने वाले स्वतंत्र पत्रकार हैं।*

‘लगान’ के हवाले से

सैबल चटर्जी

वैसे तो हर साल यह कवायद रस्म अदायगी से अधिक कुछ नहीं होती है। लेकिन वर्ष 2002 में एकेडेमी अवार्ड के लिए भारत की प्रतिनिधि फिल्म के चुनाव को लेकर मुम्बई फिल्म उद्योग और सामान्य फिल्म-दर्शकों में खासी चर्चा बनी रही। कारण बहुत साफ था : आशुतोष गोवारिकर का बेहतरीन महाकाव्यात्मक ड्रामा ‘लगान’, और सही ही था कि बाजी उसी के हाथ लगी।

आमिर खान

बरसों चालू, निराशाजनक फिल्में ऑस्कर के लिए भेजी जाती रहीं जिनकी एकेडेमी ऑफ मोशन पिक्चर आर्ट्स एण्ड साइंसेज के बेहद सख्त सदस्यों के पैमाने पर खरे उतर पाने की संभावना बेहद कम होती थी। इसलिए राष्ट्रीय फिल्म-उद्योग की शीर्ष संस्था फिल्म फेडरेशन ऑफ इंडिया ने इस बार एक ऐसी फिल्म का चुनाव किया जिसमें सचमुच इस महान सफलता को हासिल करने की कुछ काबिलियत हो।

लगान सचमुच पिछले एक दशक से भी अधिक समय में ऑस्कर के लिए भारत से नामित ऐसी पहली फिल्म थी जो मार्च 2002 में सम्पन्न हुए 74वें एकेडेमी

अवार्ड में पुरस्कार की गंभीर प्रतिद्वन्द्वी रही। पिछली दफा जो भारतीय फिल्म ऑस्कर के लिए नामांकित हुई थी वह चालू मुम्बइया फिल्मों से काफी हटकर थी—वह मीरा नायर की पहली फीचर फिल्म 'सलाम बॉम्बे' थी। किसी भी आधार पर *सलाम बॉम्बे* मुख्यधारा हिन्दी सिनेमा का प्रतिनिधि नहीं कही जा सकती। 'लगान' ऐसी दूसरी 'लोकप्रिय' मुम्बइया फिल्म है जिसका नामांकन ऑस्कर के अन्तिम दौर यानी फाइनल तक रहा, 1957 में महबूब खान की 'मदर इंडिया' पहली फिल्म थी।

इस बार उम्मीदें सबसे ज्यादा रहीं—मुम्बई में भी और देश के बाकी हिस्सों में भी। यहाँ तक कि *लगान* के निर्मातागण फिल्म के नायक और निर्माता आमिर खान और निर्देशक आशुतोष गोवारिकर ने अमेरिका में अपनी उपस्थिति दर्ज कराने में कोई कसर नहीं छोड़ी। यह प्रयास दोनों के लिए लाभप्रद रहा—इससे इस बेहद मनोरंजक फिल्म पर विश्व स्तर पर और बॉलीवुड में सहमति-असहमति बनी—जिसे मुम्बई का बड़ा और प्रभावशाली वर्ग सहजता से नहीं लेता—उस वर्ग में संदर्भ-बिंदु बन गया जहाँ कोई उसकी मौजूदगी के बारे में भी शायद ही जानता रहा हो।

दयाशंकर पाण्डेय

लेकिन सारा लाभ यहीं तक रहा। जिस तरह से *लगान* ने अंतर्राष्ट्रीय रूप से ध्यान आकर्षित किया उससे भारतीय फिल्म समुदाय को कोई खास फायदा होता नहीं दिखता। लेकिन अभी तो यह शुरुआत है, सफलता की पहली सीढ़ी।

लेकिन लगता है फिल्म फेडरेशन ऑफ इंडिया ने अपनी कमनज़री से 'लगान' द्वारा खोले गए संभावनाओं के द्वार पर अंकुश लगा दिया है। 2003 में उसने तड़क-भड़क वाली संजय लीला भंसाली की बहुप्रशंसित फिल्म 'देवदास' का चुनाव ऑस्कर के सर्वश्रेष्ठ विदेशी फिल्म संवर्ग में भेजने के लिए किया। हालाँकि यह कहा जा सकता है कि 'देवदास' कमजोर फिल्म नहीं है। असल

में भंसाली के अंदाज़ेबयाँ और कलात्मकता की ज्यादा चर्चा रही। वैसे फिल्म साधारण ही रही—कम से कम वैसी नहीं जो एकेडेमी के सदस्यों का विश्वास जीत सके।

2002 में 'लगान' के ऑस्कर की दौड़ में शामिल होने के बाद इस तरह का भ्रम फैला कि शायद मुख्यधारा हिन्दी सिनेमा का कुछ वैश्विक बाजार बने, फिल्म-उद्योग मनोरंजन के नाम पर बनाई जा रही कमजोर फिल्मों को जरूरत से ज्यादा आँक रहे थे। पर अगले ही साल उसके भाग्य का सितारा डूबता दिखा जब संजय लीला भंसाली की व्यावसायिक रूप से सफल फिल्म 'देवदास' का ऑस्कर के लिए नामांकन तक नहीं हो पाया। इसने यह दिखा दिया कि तमाम शोर-शराबे के बावजूद हिन्दी फॉर्मूला सिनेमा की क्या हैसियत है—कि उसकी कोई हैसियत नहीं।

वह इसके योग्य थी या नहीं यह अलग बात है। लेकिन जब 'लगान' ऑस्कर में भारत का प्रतिनिधित्व कर रही थी तो फिल्मोद्योग की उम्मीदों को समझा जा सकता है। भारतीय टेलीविजन चैनलों ने अपने रिपोर्टर लॉस एंजेल्स भेजे थे और यहाँ अपने स्टुडियो से ऑस्कर पुरस्कार समारोह का सीधा प्रसारण दिखा रहे थे। 'लगान' आश्चर्यजनक रूप से उस उपलब्धि के बेहद करीब आ गयी थी, जो किसी हिन्दी फिल्म को तब तक हासिल नहीं हुआ था, यानी विश्वविजेता बनने के करीब। अंत में सारा मामला यही बना कि इतने नजदीक पहुँचकर भी दूरी बनी ही रह गई। न सिर्फ वह ऑस्कर नहीं जीत पाई, बल्कि विश्वस्तर पर बॉक्स-ऑफिस पर भी कोई करिश्मा नहीं कर पाई। यही हाल मीरा नायर की फिल्म 'मौनसून

अमीन हाजी

वेडिंग' का हुआ। कम बजट की अंग्रेजी-हिन्दी-पंजाबी फिल्म 'लगान' के मुकाबले 'क्राउचिंग टाइगर, हिर्डन ड्रैगन' जैसी विश्वव्यापी सफलता हासिल करने की दिशा में अग्रसर दिखी, पर आखिरकार वे भी सफलता के वैसे दरवाजे नहीं खोल पाईं जैसी उनसे उम्मीद की गई थी।

मीरा नायर की यह कम-बजट की फिल्म स्वतंत्र डायरेक्टर शैली (*मौनसून वेडिंग* फिल्म की पूरी शूटिंग 'हैंड-हेल्ड' कैमरा से की गई है ताकि समकालीन भारतीय शहरी जीवन की चंचलता को दिखाया जा सके) और मुम्बइया पारिवारिक शैली के कुछ तत्त्वों का मिश्रण कही जा सकती है। दुनिया के काफी हिस्सों में इसकी तारीफ हुई और 2001 के वेनिस फिल्म फेस्टिवल में इस फिल्म को गोल्डन लॉयन पुरस्कार भी मिला। आप्रवासी भारतीयों ने तो फिल्म को पसंद किया पर विश्वव्यापी दर्शक वर्ग को इसमें कोई आकर्षण नहीं दिखा जो उन्हें फिल्म तक खींच कर ले जा सके।

इसी प्रकार के प्रश्न उस समय भी उठे जब हॉलीवुड के कोलम्बिया-ट्रिस्टार पिक्चर्स में उसे विश्वस्तर पर पुनः रिलीज किया। जब अपनी सिनेमाई अभिव्यक्ति के लिए अन्तर्राष्ट्रीय स्तर पर सराही जा चुकी इन दो फिल्मों का यह हाल रहा, तो 'कभी खुशी कभी गम' और 'दिलवाले दुल्हनियाँ ले जाएँगे' जैसी लिजलिजी-भावुक फिल्मों से विश्वव्यापी सफलता की उम्मीद करना कल्पना ही कही जा सकती है, यथार्थ नहीं।

रघुवीर यादव

अगर 'लगान' और

'मौनसून वेडिंग' पश्चिमी सिनेमा-दर्शकों में लोकप्रिय रही, तो भारतीय फिल्मोद्योग, विशेषकर, मुम्बई के कमाऊ फिल्मोद्योग को उस पर नाज़ करने का कोई कारण नहीं दिखता। दोनों ही मुम्बइया फिल्मों की नुमाइंदगी नहीं करते। वे मुम्बई की विभिन्न कथा-शैलियों का सहारा तो लेते हैं, लेकिन ऐसा करते हुए वे चालू नाच-गाने से भरपूर मुम्बइया फिल्मों से काफी दूर निकल जाते हैं। 'लगान' फिल्म के एकमात्र स्टार और फिल्म के निर्माता आमिर खान ने ऑस्कर समारोहों से पूर्व अपने एक इंटरव्यू में कहा था कि वह एक 'विशुद्ध भारतीय फिल्म' है। वह है भी, पर केवल भौगोलिक अर्थ में।

अपनी शैली और कल्पना में 'लगान' एक स्टार के साहस और नए निर्देशक में उसके विश्वास को दिखाती है। इस तरह से आमतौर पर मुम्बई में फिल्में नहीं बनतीं। वहाँ ज्यादातर फिल्म-निर्माता आमतौर पर सुरक्षित फिल्म बनाना चाहते हैं। उस अर्थ में 'लगान' को एक व्यावसायिक जोखिम कहा जा सकता है। इसलिए यह मुम्बई की आम मसाला फिल्मों से अलग दिखती है जैसे कि 1950 के दशक में सत्यजित की आरम्भिक फिल्म 'पाथेर पांचाली' उस समय की सामान्य भारतीय फिल्मों से अलग थी। साथ ही, लगान की शूटिंग एक ही शेड्यूल में पूरी की गई थी जो कि आमतौर पर मुम्बई फिल्म-उद्योग के लिए अनहोनी जैसी बात थी।

इसलिए यह एक तरह की गलत धारणा ही होगी अगर 'लगान' को लोकप्रिय हिन्दी-सिनेमा का अग्रदूत कहा जाए, विशेषकर फिल्म फेडरेशन ऑफ इंडिया ने हाल के वर्षों में जिस तरह की फिल्मों के चुनाव किए हैं। 1998 में बेतुकी ऐश्वर्या राय अभिनीत फिल्म 'जींस' ऑस्कर के सर्वश्रेष्ठ विदेशी भाषा की फिल्म के लिए भारत की ओर से आधिकाधिक रूप से भेजी गई। उससे भारतीय सिनेमा की प्रतिष्ठा की धज्जियाँ ही उड़ीं।

2001 में कमल हसन की फिल्म 'हे राम' का फिल्म फेडरेशन ऑफ इंडिया ने चुनाव किया। कलात्मक दृष्टि से तो फिल्म 'जींस' से काफी आगे ठहरती थी लेकिन स्वयं दक्षिण भारतीय अभिनेता-निर्देशक, जो कि भारत के सबसे अनुभवी फिल्मकारों में एक रहे हैं, अपनी फिल्म की कमियों से वाफिक थे और उन्होंने फिल्म ऑस्कर के लिए भेजने से पहले उसमें से कुछ

गानों और 'स्थानीय दर्शकों के खयाल से शामिल किएं गए कुछ मसालों' की आवश्यक छँटाई की।

यहीं भारतीय सिनेमा मार खाता है। हमारे देश, जिसमें दुनिया का सबसे बड़ा फिल्मोद्योग है, में इस माध्यम की शक्तियों का पूरा उपयोग नहीं किया है। भारत में हर साल कुछ अच्छी फिल्में बनती हैं पर लोकप्रिय फॉर्मूला फिल्मों की तरह उनका प्रचार-प्रसार नहीं हो पाता। पिछले कुछ वर्षों में एनडीए सरकार ने भारतीय सिनेमा के अंतर्राष्ट्रीय बाज़ार में प्रचार-प्रसार के कुछ ठोस प्रयास किए हैं लेकिन उनकी नजर मुम्बइया मसाला फिल्मों पर ही रही है।

यशपाल शर्मा

कुछ वर्ष पहले तत्कालीन सूचना-प्रसारण मंत्री सुषमा स्वराज एक विशाल प्रतिनिधिमंडल लेकर कान फिल्म फेस्टिवल गई थीं। जबकि प्रतिनिधिमंडल के ज्यादातर सदस्य लोकप्रिय फिल्म उद्योग से ही थे, लेकिन एनएफडीसी को कमाई सत्यजित राय की फिल्मों से ही हुई, जिसकी फिल्म-बाजार में खासी प्रतिष्ठा रही है। लेकिन इस संदेश पर किसी ने ध्यान नहीं दिया। अगर फिल्म फेडरेशन ऑफ इंडिया ने 'देवदास' की जगह मणिरत्नम की फिल्म 'कन्नतिल मुत्तमित्तल' या बुद्धदेव दासगुप्ता की फिल्म 'मोंडो मेयर आख्यान' का चुनाव किया होता तो ऑस्कर की पंक्ति में एक और भारतीय फिल्म हो सकती थी।

हर वर्ष भारत अति सक्रिय फिल्म-उद्योग बड़ी संख्या में फिल्मों का निर्माण करता है जो कि फिल्मों के नाम पर इस माध्यम के लिए विडंबना ही कही जा सकती है, पर भारतीय उन फिल्मों को बेहद पसंद करते हैं। और उन्हें इसका पूरा हक़ भी है। पर इसे सिवाय उम्मीद के और कुछ नहीं

कहा जा सकता कि इस तरह की चलताऊ फिल्मों का पश्चिमी दर्शक उत्साह के साथ स्वागत करें। 2003 में फ्रांस के दूविले फिल्म फेस्टिवल में भारत के सबसे बड़े स्टार अमिताभ बच्चन की फिल्मों का सिंहावलोकन आयोजित हुआ। जिसमें उनकी चार फिल्में शोले, दीवार, कभी-कभी और कभी खुशी कभी गम दिखाई गईं, लेकिन मुख्यधारा मुम्बइया सिनेमा में पश्चिम की रुचि कृत्रिम ही अधिक कही जा सकती है।

दूविले के इस प्रयास पर बच्चन खासे उत्साहित दिखे। मैं इसे भारतीय सिनेमा की जीत मानता हूँ। स्वयं भारत की जीत भी इसे कहा जा सकता है, लेकिन सबसे बढ़कर मैं इसे मुख्यधारा के व्यावसायिक सिनेमा की जीत मानता हूँ जिससे मेरा सम्बन्ध रहा है। हाँ, मुम्बई की मुख्यधारा फिल्म में विश्वस्तर पर अपनी निश्चित फिल्म बनाई है। यह सही है कि व्यावसायिक सिनेमा धीरे-धीरे वैश्विक स्तर पर अपनी पहचान बना रहा है, लेकिन यह सवाल फिर भी बना रहता है कि उससे इसकी पहुँच नहीं बढ़ी है बल्कि प्रवासी भारतीयों की बढ़ती संख्या और बढ़ते प्रभाव को इसके कारण के रूप में देखा जा सकता है। इंडस्ट्री के लोग चाहे जो भी दावे करें, पर यह एक अकाट्य तथ्य है कि हिन्दी फिल्मों के ज्यादातर विश्वव्यापी दर्शक भारतीय ही हैं।

लोकप्रिय हिन्दी सिनेमा मनोरंजन का एक अनूठा रूप है। उसके कथा-फॉर्मूले में नायकों की विराट छवि, मिश्रित नाच-गाने, अति भावुकता आदि पाए जाते हैं। इस अद्वितीय कथा-प्रविधि को लेकर गर्व का भाव बढ़ता जा रहा है, जिसका कम से कम कुछ हिस्सा तो अवश्य ही परम्परागत लोक-रूपों से निकला है। उससे उत्साहित होकर मुम्बई के कुछ स्वप्न व्यापारियों ने भारतीय सीमाओं से बाहर अपने पाँव पसारने शुरू किए हैं। यह तरक्की, जैसा हमने देखा, वैसा भव्य नहीं है जैसा कि इस उद्योग से जुड़े कुछ लोग हमें यह विश्वास दिलाना चाहते हैं। विश्वस्तर पर हिन्दी सिनेमा की जो भी पहचान बनी है वह आप्रवासी भारतीयों की बढ़ती संख्या और प्रभाव के कारण ही संभव हो पाया है।

हालाँकि बॉलीवुड सिनेमा को एक सिरे से ख़ारिज करना गलत हो

सकता है। एक ऐसी कथा-प्रविधि जिसका कुछ खास कलात्मक महत्त्व नहीं रहा है, लेकिन यह भी सच है कि इसके बोझ तले दबकर भारतीय सिनेमा को अपनी क्षमता का पूरा उपयोग करने का मौका ही नहीं मिला। मुख्यधारा सिनेमा के इस वर्चस्व के कारण सामाजिक रूप से प्रतिबद्ध फिल्म-निर्माण को एक प्रकार के सेंसरशिप की स्थिति का सामना करना पड़ा, या तो धन की कमी के कारण वे बन नहीं सकीं और अगर बनीं भी तो उनके लिए प्रदर्शन का संकट बना रहा। हिन्दी सिनेमा की पिछले बरसों में तीन धाराएँ दिखती हैं, मनोरंजन के उद्देश्य से बनाई गई कल्पना-प्रधान फिल्में, मानववादी फिल्में जो बनाई गईं तो लोकप्रिय ढाँचे का उपयोग करते हुए ही, पर उनमें मानव-जीवन और उनके सम्बन्धों की कथा होती है और इन फिल्मों को निश्चित रूप से विद्रोही फिल्में कहा जा सकता है। जब तक इन तीन विशेषताओं को बढ़ावा नहीं दिया जाता, भारतीय फिल्मों की कोई स्थायी अंतर्राष्ट्रीय पहचान बनना मुश्किल ही लगता है।

वैसे अब मुम्बई में भी इस नई संवेदना का प्रसार दिखने लगा है। जिसका प्रमाण है फरहान अख़्तर की पहली फिल्म 'दिल चाहता है'। वैसे यह दुखद ही कहा जाएगा कि फिल्म की घरेलू बाजार में सफलता कुछ महानगरों तक ही सीमित रही। अलग-अलग हिस्सों में बँटे भारतीय बाजार के कारण व्यावसायिक फिल्म-निर्माता उनको रिझाने की जुगत में ही लगे रहते हैं। अपनी फिल्म को हर तरह के मसाले से भर देने के क्रम में निर्माताओं को विश्वव्यापी दर्शक-वर्ग के लिए सोचने का मौका ही नहीं मिल पाता। यह एक बड़ा कारण है कि एक ऐसी फिल्म, जो आप्रवासी भारतीयों और गैर-भारतीय दर्शकों में समान रूप से सफल हो, कल्पना ही कही जा सकती है। यह परम्परा आगे चलती अगर 'लगान' को ऑस्कर मिला होता तो लोकप्रिय हिन्दी सिनेमा को वह प्रतिष्ठा मिलती जो महबूब खान की *मदर इंडिया* (1957) ने उसे ऑस्कर के मानचित्र पर लाकर दी थी। ऐसे में इसकी कोई संभावना नहीं दिखती कि अचानक हिन्दी-सिनेमा दक्षिण एशियाई दर्शकों के अलावा बाज़ार में अन्य दर्शकों पर छा जाए।

भारतीय शहरों में एक के बाद एक मल्टीप्लेक्स खुल रहे हैं और एक

नए ढंग का शहरी सिनेमा जोर पकड़ रहा है। ये फिल्में अंग्रेजी या मिली-जुली भाषा में बनाई जाती हैं, उनके विषय समकालीन सामाजिक-राजनीतिक मुद्दे होते हैं और उनका निर्माण अपेक्षाकृत कम बजट में होता है। चूँकि छोटे सिनेमाघर मौजूद हैं इसलिए इस प्रकार की फिल्में बन रही हैं और प्रदर्शित होकर देखी भी जा रही हैं। यह एक ऐसे उद्योग के लिए अच्छा शगुन है, जो हमेशा नएपन की मुंतज़िर होता है, कोई फर्क नहीं पड़ता कि वह नयापन कहाँ से आ रहा है, कैसे आ रहा है। कम खर्च और प्रदर्शन की गारंटी ने फिल्मकारों को यह स्वतंत्रता दी है कि वे अपनी पसंद की फिल्में बनाएँ, न कि बाजार के मुताबिक।

श्वेत फिल्म दर्शक हॉलीवुड फिल्मकारों द्वारा बनाए गए मितवादी, अपेक्षाकृत कम भावुक और सुसंगठित फिल्मों के आदी होते हैं, हॉलीवुड के अलावा यूरोपीय फिल्मकार भी वैसा ही सिनेमा बनाते हैं। उनके मुकाबले व्यावसायिक हिन्दी सिनेमा का खुला खेल फर्रुखावादी कहीं नहीं ठहरता। बेहतरीन तकनीकी विशेषज्ञों के आने से कम-से-कम तकनीकी रूप से हिन्दी सिनेमा विश्व के सर्वश्रेष्ठ के मुकाबिल हो गया है। वैसे दुखद रूप से अच्छी कहानी कहने वाले पुराने फिल्मकार परिदृश्य से बाहर हैं। इसी परिदृश्य में पश्चिम में 'लगान' को देखने की अपील समीक्षाओं में की गई। यह एक स्वस्थ, मनोरंजक फिल्म है, उसकी थीम में व्यापकता है। और असंभव को संभव करनेवाली मानवीय क्षमता है। यह कोई आश्चर्यजनक नहीं था कि जब 'लगान' ने लोकानो फिल्म फेस्टिवल में पीपुल्स च्वाइस पुरस्कार जीता, जहाँ दर्शक प्रधानतः यूरोपीय थे। 'लगान' का ऑस्कर नामांकन उसकी अपनी क्षमताओं के कारण मिला था, न कि उस फिल्म-उद्योग के कारण जिसका यह प्रतिनिधित्व करती है। उसी तरह 'मौनसून वेडिंग' को गोल्डन लॉयन मिला तो अपनी खूबियों के कारण, न कि विजय के वक्त अपनी उदारता में मीरा नायर ने जो कुछ कहा।

मुम्बई के फिल्म-जगत में अभी जो अति उत्साह दिख रहा है उसका कारण संभवतः 1990 के दशक की कुछ हिन्दी फिल्मों की अमेरिका और ब्रिटेन के बाजारों में मिली जबरदस्त सफलता कही जा सकती है। भारतीय

फिल्मकार और उनकी फिल्मों को विश्वस्तर पर तरजीह दी जाने लगी है और विश्व सिनेमा व्यापार का ध्यान भी उस ओर गया है। कुछ मुम्बइया फिल्मों ने अटलांटिक महासागर के दोनों ओर सफलता के झंडे गाड़े हैं, *हम आपके हैं कौन* (1994), *दिलवाले दुल्हनिया ले जाएँगे* (1995), *कुछ कुछ होता है* (1998) भारत में तो सुपरहिट रही हीं, बाहर भी उन्हें अपार सफलता मिली। 'कुछ कुछ होता है को जब चीनी भाषा में डब किया गया और दुनिया की सबसे अधिक जनसंख्या वाले देश चीन में भेजा गया तो वहाँ भी उस फिल्म को आश्चर्यजनक रूप से सफलता मिली। यही नहीं, भारत में बॉक्स-ऑफिस पर असफल रही फिल्मों *ताल* (1999), *दिल से* (1999) और हाल में, *अशोका* (2001) को भी विदेशों में भारी सफलता मिली।

रोहित कर्ण बतरा, जो कि एक युवा भारतीय अमेरिकी फिल्म-निर्माता हैं और जिन्होंने हाल ही में एक डिजिटल वीडियो फिल्म पूरी की है—*योगिता*, उनकी अपनी व्याख्या है। अपने हाल के एक इंटरव्यू में उन्होंने जोर दिया है कि हिन्दी सिनेमा भारत में बढ़िया व्यापार यूरोप में कर रही है। 'आप्रवासी भारतीय फिल्मों की ज्यादा परवाह नहीं करते, वे अनुभव के लिए उसे देखते हैं...ज्यादातर भारतीय सिनेमाघरों में अच्छी फिल्म की उम्मीद में जाते हैं। ताकि उनके पैसे वसूल हो सकें, जबकि आप्रवासी भारतीय खराब फिल्मों की उम्मीद में ही जाते हैं। शायद इसलिए वे ज्यादा उदार हैं...।' बतरा की दलील सामान्य तौर पर सही कही जा सकती है, लेकिन बहुचर्चित फिल्म 'यादें' की विदेशों में असफलता ने यह साबित कर दिया है कि चूँकि हिन्दी सिनेमा आप्रवासियों को आसानी से उपलब्ध हो रहा है, ऐसे में उनकी अनदेखी नहीं की जा सकती।

आज भारतीय फिल्मों के लिए आवश्यक यह है कि वे फॉर्मूले के बंधन से निकलें और उस सांस्कृतिक सीमा का अतिक्रमण करें जो उनके और विश्वव्यापी सफलता के बीच खड़ी है। अगर कोई वैसा साहस करे जैसा 'लगान' फिल्म के प्रमुख चरित्र ने किया था, 'लगान' मुम्बइया मसाला फिल्मों के लिए वैसी ही सफलता-गाथा दुहरा सकती है जैसी 'क्राउचिंग टाइगर, हिडेन ड्रेगान' ने चीन के लिए किया था। दिवास्वप्न जैसा लगता है? तब तक जब

तक हिन्दी सिनेमा, जो कि भारत का एकमात्र राष्ट्रीय सिनेमा है। ऊलजलूल कथानकों से निकलकर कोई सार्थक पहल नहीं करता। स्थिति तब बदलेगी जब *लगान, दिल चाहता है, अशोका* जैसी फिल्में केवल उम्मीद जगाकर न रह जाएँ। यह एक ऐसा सपना है जिसका पीछा मुम्बई के स्वप्न-व्यापार प्रबंधकों को अवश्य करना चाहिए। लेकिन इसके लिए उन्हें स्वयं ही भाग-दौड़ करनी पड़ेगी। *लगान* इलेवन ने रास्ता दिखा दिया है, पर वह इससे ज्यादा कुछ नहीं कर सकता।

सैबल चटर्जी, *अंग्रेजी में स्नातकोत्तर तक की शिक्षा प्राप्त सैबल चटर्जी स्वतंत्र फिल्म समालोचक एवं वरिष्ठ पत्रकार हैं। 1984 से वे द टेली ग्राफ, टाईम्स ऑफ इंडिया, आउटलुक और हिंदुस्तान टाइम्स ऑनलाइन से सम्बद्ध रहे हैं। उन्हें सन् 2003 में सर्वश्रेष्ठ फिल्म आलोचक का राष्ट्रीय पुरस्कार मिल चुका है। आजकल वे अन्य प्रकाशनों में लेख लिखने के अलावा हिंदुस्तान टाइम्स की वेबसाईट पर ऑनलाईन कॉलम लिखते हैं। वे एनसाइक्लोपीडिया ब्रिटानिका के एनसाइक्लोपीडिया ऑफ हिंदी सिनेमा के संपादक थे।*

हॉलीवुड-बॉलीवुड

दीपा गहलोत

कुछ बरस पहले तक तो यह सम्भव भी नहीं था कि 'लेट्स टॉक' और 'मैंगो सुफ्ल' जैसी फिल्में बनें और अगर बनें भी तो रिलीज हो पाएँ। लेकिन शहरी भारत में उभरती मल्टीप्लेक्स संस्कृति ने यह सम्भव बनाया कि अनछुए विषयों पर कम बजट की फिल्में बन सकें—उनमें से कुछ

तो शहरी युवाओं को लक्ष्य करके अंग्रेजी भाषा में भी बन रही हैं।

वास्तव में ऐसा लगता है कि मानों मुम्बई में हर कोई सिनेमा बनाने में लगा है। हर व्यक्ति के पास एक पटकथा (या कई पटकथाएँ) तैयार होती हैं, जिसे लेकर वह निर्माता या नायक-नायिकाओं से जोड़-तोड़ में लगा रहता है, बाजार में उसकी सम्भावनाओं को देख-परखकर किसी भी दिन उस पर काम शुरू कर देने की योजना में लगा रहता है।

अगर आप विश्वास करें, तो ऐसे असंख्य लोग हैं जिनके पास खर्च करने को करोड़ों रुपए होते हैं और वे केवल छोटे बजट की फिल्मों में पैसा लगाने को इच्छुक होते हैं। वास्तव में, स्टार अभिनेता-अभिनेत्रियों के बिना एक फिल्म एक या दो करोड़ में बनाई जा सकती है, और मुनाफा लागत से कई गुना होता है और जिसका काफी बड़ा हिस्सा फिल्म के विदेश अधिकार और टेलीविजन अधिकार बेचने से वापस आ जाता है। कुछ समय पहले तक हर आदमी टेलीविजन धारावाहिक बनाने में लगा था। चैनलों में हजारों पायलट बने पड़े हैं, और उनके कर्ता-धर्ताओं को देखने तक की फुरसत नहीं है। अब समय एक-दो करोड़ की फिल्म बनाने का है।

बिना 'स्टार' कलाकारों के एक ऐसी जबर्दस्त फिल्म बना पाना, जिसका दर्शकों की भीड़ स्वागत करे निराधार मान्यता की तरह ही रही है। *चाँदनी बार* को एक कसौटी माना जा सकता है—कम से कम तीन फिल्में ऐसी बन रही हैं जिनके विषय लालबत्ती क्षेत्र हैं। अगर आज फूहड़ता बिकती है, तो क्यों न उसे बेचने की कुछ और कोशिश की जाए? जैसाकि, *सत्या* के बाद हर आदमी अपराधकर्मी 'भाई' को लेकर एक जबर्दस्त फिल्म बनाना चाहता था! और *हैदराबाद ब्लूज़* और *बाम्बे ब्वॉयज* के बाद कई भारतीय-अंग्रेजी फिल्मों की योजना बनी थी। यह तब की बात है जब 'आप्रवासी सिनेमा' का चलन नहीं हुआ था।

कम बजट की फिल्मों को लेकर वाह-वाह करने का चलन तो रहा है, विशेषकर जब वे बॉक्स-ऑफिस पर सफल हुईं तब। वे मजलूमों की तरह रहे हैं। ऐसे डेविड जो कभी-कभी बॉलीवुड के गोलिएथों को चुनौती देते रहे हैं।

प्रथम नई धारा सिनेमा आन्दोलन के बाद, जोकि सत्तर के दशक में

फ़ला-फूला और जिसे टेलीविजन, वीडियो और स्टार-आधारित व्यावसायिक सिने-उद्योग के सम्मिलित प्रयासों ने खत्म कर दिया, अब फिर हैदराबाद ब्लूज़ की सफलता से वह दौर शुरू हुआ जिसे आज एक नए ट्रेंड की तरह देखा जाता है—हालाँकि देव बेनेगल की फिल्म *इंगलिश ऑगस्ट* को ही इस धारा की शुरुआत के रूप में देखा जाना चाहिए।

नागेश कुकनूर की *हैदराबाद ब्लूज़* आप्रवासी भारतीय के घर वापसी की कॉमेडी-कथा थी। फिल्म की भाषा भारतीय-अंग्रेजी थी और इस फिल्म ने खासतौर पर शहरी दर्शकों को प्रभावित किया था। इसने अपने 19 लाख के बजट पर कई गुना मुनाफा कमाया था।

निर्माताओं को बिना 'स्टार' के कम बजट की फिल्में बनाने, बिना फॉर्मूले की कहानियाँ आजमाने की एक सम्भावना दिखी—एक खास दर्शक वर्ग के लिए संगीत या बिना संगीत के फिल्म बनाने की।

हैदराबाद ब्लूज़ की सफलता को सबसे पहले भुनाया कैज़ाद गुस्ताद की फिल्म *बॉम्बे ब्लूज़* ने, जिसने वैसे तो *हैदराबाद ब्लूज़* की आधी कमाई भी नहीं की, पर फिल्म को मीडिया में काफी जगह मिली और उसकी अच्छी समीक्षाएँ आईं। इससे यह भी लगभग तय हो गया कि एक नई धारा बन रही थी, सिनेमा की एक ऐसी धारा जो बॉलीवुड की मुख्यधारा—सिनेमा का विकल्प बन सकती थी।

हर आदमी 'कुछ हटकर' की चर्चा करने लगा। 2002 की विफलता तक यह बात तो तय हो

चुकी थी कि 'सामान्य' नहीं चल रहा। स्टार-कलाकारों के नाम नहीं बिक रहे थे। प्रचार-प्रसार के जलवों से दर्शक प्रभावित नहीं हो रहे थे।

एक बार फिर, हालात कुछ वैसे ही हो चले हैं, जब नया सिनेमा ने व्यावसायिक फॉर्मूलाबद्ध सिनेमा को चुनौती दी थी। मीडिया ने कला-सिनेमा आन्दोलन का स्वागत किया था, जो पनपा और कम-से-कम मुम्बई में जल्दी ही खत्म हो गया। बाद में मीडिया पर यह आरोप लगा कि उसने खराब कला फिल्मों के पक्ष में भी खुलकर लिखा और इस आन्दोलन के अन्त का मार्ग शीघ्र प्रशस्त किया। अखबार पढ़ने वाली जनता को लगने लगा कि ऐसा कुछ भी जिसकी समीक्षाएँ भूरि-भूरि प्रशंसा करती हैं उबाऊ होती हैं, थकानेवाली होती हैं। तब तक व्यावसायिक सिनेमा ने अपने-आपको पुनर्जीवित कर लिया और कला सिनेमा आन्दोलन पूरी तरह समाप्त हो गया।

जब भी 'कुछ हट के' आता है, उसकी भूरि-भूरि प्रशंसा होती है, चाहे वह उस लायक हो या न हो।

तब अगर दर्शक जाकर *देहम, डेंजर, अग्निवर्षा, यथार्थ, लीला* या *एक छोटी-सी लव स्टोरी* (डायरेक्टर शशिलाल नायर और फिल्म की नायिका के बीच चले विवाद ने इस फिल्म को बचा लिया) या फिर *ये क्या हो रहा है, बस यूँ ही, फ्रीकी चक्रा* और दर्जनों *सत्या* की खराब नकलें देखता है, तो वह 'हट के' का मतलब अच्छा समझना छोड़ देता है। और वह सामान्य चटपटी

फिल्म की जरूरत महसूस करने लगता है।

हालाँकि यह नया-नया सिनेमा गम्भीर, सामाजिक प्रतिबद्ध पुराने नये सिनेमा से भिन्न है। इस बार पंडित, बौद्धिक, राजनीतिक रूप से सजग सिनेमा निर्माताओं की जमात आगे नहीं आ रही है, बल्कि यह जमात चतुर, मीडिया-प्रेमी है जिनकी नजर दर्शकों और बॉक्स-ऑफिस पर है।

समानान्तर सिनेमा आन्दोलन की आरम्भिक सफलता के बाद, वे विद्रोही सिनेमा-निर्माता भी दर्शनीयता के महत्त्वपूर्ण पहलुओं को नज़रअन्दाज़ करने लगे थे। और इस नई जमात ने भी उन पहलुओं को नज़रअन्दाज़ कर दिया। चाहे मुम्बई, बिहार या बर्मिंघम में उसके लक्ष्य दर्शक जो भी हों, उनके टिकट खरीदने के पीछे कोई-न-कोई प्रेरणा अवश्य होनी चाहिए (या नकली वीडियो/वीसीडी/डीवीडी खरीदने के पीछे)।

जहाँ तक सिनेमा टिकट की कीमतों का प्रश्न है, क्या कोई बड़ा से बड़ा सिनेमा प्रेमी भी 100 रुपए खर्च करके निर्देशक के 'सत्य' को जानना चाहेगा? आज अगर वे बड़े स्टारों को वही सब पुरानी प्यार-मोहब्बत, दोस्ती की भूमिका में नहीं देखना चाहते, तो दूसरी ओर वे उबाऊ पात्रों वाली ग्रामीण प्रेमकथा को भी शायद ही देखना चाहें।

वे अपने पैसे के बदले भरपूर मनोरंजन चाहते हैं। उनकी व्यावसायिक एवं कलात्मक खूबियों में कोई रुचि नहीं है। स्टार अभिनेत्रियों या निर्देशकों में कोई आस्था नहीं बची है और न ही सार्थक सिनेमा के नाम पर वे स्वयं को सज़ा देना चाहते हैं।

'क्रॉस ओवर' शब्द, जिसकी आज बड़ी चर्चा है (हिन्दी में इसे हम 'आप्रवासी सिनेमा' कहेंगे) तब उसकी फुसफुसाहट ही चली थी। पाँच वर्षों पहले विवादास्पद आप्रवासी-निर्मित सिनेमा देखने में आयी—दीपा मेहता की *फायर*, मीरा नायर की *कामसूत्र*—बाद में उसकी अन्तर्राष्ट्रीय ख्याति प्राप्त फिल्में *सलाम बॉम्बे* और *मिसीसीपी मसाला* आईं—और जगमोहन मूंदड़ा की *मानसून*।

ये फिल्म निर्माता भारत सम्बन्धी अपना सिनेमा विश्वव्यापी दर्शकों को ध्यान में रखकर बना रहे थे, लेकिन वे केवल भारतीय या भारतवंशी लोगों को

ध्यान में रखकर सिनेमा नहीं बना रहे थे। फिल्म फेस्टिवल, पुरस्कारों आदि की भारत में चर्चा थी। इस अर्थ में फिल्म *बैंडिट क्वीन* (1994) को अग्रगामी माना जा सकता है, जिसने तय किया कि फिल्में खबरों में बनी रहेंगी, भले ही तात्कालिक रूप से बॉक्स-ऑफिस पर अपनी कामयाबी दर्ज़ न करवा पाई हों।

अर्जुन दत्त की फिल्म बड़ा दिन और गोविन्द निहलानी की फिल्म *हजार चौरासी की माँ* को भी दर्शकों की थोड़ी-बहुत सराहना मिली, लेकिन वह रामगोपाल वर्मा की अपराध-जगत पर आधारित फिल्म सत्या थी जो मील का पत्थर साबित हुई और जिसने कुछ क्षेत्रों में बढ़िया कमाई भी की। तब तक यह भी साफ होने लगा था कि किसी भी फिल्म के लिए इस बात की बड़ी क्षीण सम्भावना बनती थी कि उसे एक अखिल भारतीय दर्शक-वर्ग मिले—इसलिए मुम्बई सिनेमा, महानगरीय सिनेमा, उत्तर फिल्म, बी और सी सेंटर की फिल्में, आप्रवासी सिनेमा आदि-आदि वर्ग-उपवर्ग बने।

हैदराबाद ब्लूज़ के बाद नागेश कुकनूर की निराशाजनक किशोर-वर्ग आधारित कॉमेडी *रॉकफोर्ड* आई, जो फ्लॉप साबित हुई। हालाँकि 1999 में बाज़ी मारी सन्तोष सीवन की फिल्म 'द टेररिस्ट' ने, जो अत्यन्त कम बजट

की फिल्म थी। एक युवा आतंकवादी की यह क्षीण कथा आश्चर्यजनक रूप से सफल साबित हुई और उसके निर्देशक और मुख्य अभिनेत्री आयशाधारकर को अन्तर्राष्ट्रीय ख्याति मिली। पर 'क्रॉसओवर' यानी 'आप्रवासी सिनेमा' की चर्चा अभी बाकी थी।

महेश मथाई की फिल्म *भोपाल एक्सप्रेस*, दीपा मेहता की फिल्म *1947 अर्थ*, पीयूष झा की *चलो अमेरिका*, विनय शुक्ला की फिल्म *गॉडमदर*, रामगोपाल वर्मा की फिल्म *कौन* और मनोज पुंज की फिल्म *शहीदे-मोहब्बत बूटा सिंह* जैसी फिल्मों को भी पुरस्कार मिले, उनकी बढ़िया समीक्षाएँ लिखी गईं पर बॉक्स-ऑफिस पर उनकी सफलता मिली-जुली ही रही।

सन् 2000 तक जरा हटके फिल्म बनाने का चलन समाप्त होता दिखने लगा था। अगर *हरी-भरी* (श्याम बेनेगल), *अस्तित्व* (महेश मांजरेकर), *हलो* (सन्तोष सीवन), *कैरी* (अमोल पालेकर) और *डॉ. बाबा साहेब अम्बेडकर* (जब्बार पटेल) जैसी फिल्मों की सराहना न हुई होती, इनाम-इकराम न मिले होते या अपेक्षाकृत बढ़िया दर्शक-वर्ग न मिला होता, साथ ही, सुनील सिप्पी की फिल्म स्निप और एम.एफ. हुसेन की फिल्म गजगामिनी की मीडिया में इतनी चर्चा न हुई होती, तो इस तरह की फिल्मों की चर्चा भी बन्द हो चुकी होती या उनकी समाप्ति की घोषणा हो चुकी होती।

मीरा नायर की अन्तर्राष्ट्रीय हिट फिल्म *मॉनसून वेडिंग* (जो भारत में उतना अच्छा नहीं कर पाई) ने प्रयोगधर्मी फिल्मों के भाग्य फिराने में मदद की। मधुर भंडारकर की तब्बू-अभिनीत फिल्म *चाँदनी बार* की झटपट सफलता ने कम बजट की फिल्मों के रास्ते मानों पुनः खोल दिए। चूँकि बड़े स्टार की फिल्में धराशायी हो रही थीं, निर्माता ऐसी पटकथाओं की तलाश करने लगे जो जरा हटके हों, जिन पर बिना स्टार-कलाकार के ऐसी फिल्म बनाई जा सके जो कुछ मुनाफा भी दे जाए। लेकिन नागेश कुकनूर की *बॉलीवुड कॉलिंग*, जोकि हिन्दी फिल्म-इण्डस्ट्री पर व्यंग्य थी, की सामान्य सफलता को छोड़कर अन्य जरा हटके फिल्में, जैसे *बवंडर* (जगमोहन मूंदड़ा), *दमन* (कल्पना लाजमी), *राहुल* (प्रकाश झा) दर्शकों को आकर्षित करने में असफल साबित हुईं। श्याम बेनेगल की फिल्म *ज़ुबैदा* का नाम भी लिया जा सकता है। पर

करिश्मा कपूर और ए.आर. रहमान की उपस्थिति फिल्म को प्रयोगधर्मी की कोटि से अलग कर देती है।

जहाँ तक 'क्रॉस ओवर' दर्शकों का सवाल है, वे छोटे बजट के *मानसून वेडिंग* और आशुतोष गोवारिकर की बड़ी बजट की, ऑस्कर नामित फिल्म *लगान* के बीच इस तरह बँटे हुए हैं कि रुझान देखनेवालों को अन्दाज़ा भी नहीं लग रहा कि वे *मानसून वेडिंग-बेंड इट लाइक बेकहम* की राह पकड़ें या लगान का रास्ता लें? जहाँ तक जरा हटके फिल्मों के सितारों की घटत-बढ़त की बात है 2002 और 2003 की प्रथम तिमाही में उसकी रफ्तार धीमी ही रही। कम बजट की हर जरा हटके फिल्म फ्लॉप साबित हुई—सिवाय *एक छोटी-सी लव स्टोरी* के। यहाँ तक कि बड़े बजट की जरा हटके आदि फिल्मों का भी बुरा हश्र हुआ—भगत सिंह पर बनी फिल्में, *लज्जा*, *अभय*, *दिल विल प्यार व्यार*।

उसका कारण या तो ये रहा हो कि विषय दर्शकों को पसन्द नहीं आए या वे खराब तरीके से बनाई गई रही हों, पर चाँदनी बार या *मानसून वेडिंग* की मुश्किल से पाई गई सफलता का जादू मानों तेजी से बिखरने लगा। मन्दी की मार साहसी फिल्म-निर्माताओं को झेलनी पड़ी और मल्टीप्लेक्स के

कारण जिन लघु/मध्यम बजट फिल्मों से क्रान्ति की आशा की जा रही थी वह बिखरने लगी है।

राजीव मेनन की तमिल फिल्म *कन्द्रकोन्दई कन्द्रलोन्दई*, जिसमें अंग्रेजी सबटाइटल्स थे, की सफलता और अपर्णा सेन की *मिस्टर एंड मिसेज अय्यर* को बड़े पैमाने पर मिली प्रशंसा उस उम्मीद को बनाए रखने के लिए काफी नहीं लगती जो मल्टीप्लेक्स के आगमन ने जगाई थी।

मनोरंजन व्यवसाय से नई निर्माण कंपनियाँ जुड़ रही हैं—जो शायद कभी भविष्य में ऊबे हुए दर्शकों को उनकी मनचाही कुछ विविधता दे पाएँ और फिल्म-निर्माण के रोमांच को शायद पुनःस्थापित करा पाएँ। सब 'जरा हट के' की चर्चा कर रहे हैं और बाजार की नई शब्दावलियाँ ईजाद कर रहे हैं, पर असल में सबको इसका इन्तजार है कि अगली सफलता क्या होगी, या कि हवा क्या रुख लेगी।

अगर स्टार-आधारित दो-एक फिल्में चल जाएँ, तो सब 'जरा हटके' की चर्चा से हटकर अपने पुराने आज़माए हुए फॉर्मूलों की दुनिया में लौट जाएँगे। पर अगर एक और जरा हटके फिल्म चल जाती है तो कम से कम कुछ और नवधर्मी पटकथाओं पर काम करनेवाले प्रयोगधर्मी अपनी-अपनी फिल्मों में जुट जाएँगे।

हर कोई बदलाव, कॉरपोरेटीकरण, व्यवसायीकरण, ताज़गी, नवीनता की बात करता है, अनगिनत बैठकें होती हैं, पर वे बॉक्स-ऑफिस पर सफलता चाहते हैं—किसी रास्ते, किस रास्ते? वे बिलकुल नहीं जानते कि अभी बाजार की माँग क्या है, सो हर कोई अपनी गाँठ बाँधे इन्तजार में है। वर्ष 2000 को इस रूप में याद किया जाएगा कि कम फिल्मों का निर्माण हुआ, 'जरा हटके' की सफलता को भुनाने के क्रम में बनाई गई फिल्में खरीददारों के इन्तजार में डिब्बों में बन्द पड़ी रहीं, और बड़े स्टार खाली बैठे रहे। यह सब कुछ बेहद जुगुप्साजनक, भयजनक और निराशाजनक रहा।

अपेक्षाकृत खराब दौर के कारण फिल्म-इंडस्ट्री में उदासी का आलम है। दूसरी ओर, सीमित बाजार और 1.5—2 करोड़ बजट वाली छोटी फिल्मों की लगातार असफलता के बावजूद ट्रिपलकॉम मीडिया (मिस्टर एंड मिसेज

अय्यर), विजय नोपानी (एस्केप फ्रॉम तालिबान), एक्सेल विजन्स एंड कांसेप्ट्स (क्यों?) जैसे बिलकुल नए निर्माताओं ने बाजार में कदम रखे।

आईड्रीम्स (अग्निवर्षा, सोलह दिसम्बर), मेटालाइट (दिल विल प्यार व्यार, सत्ता, तीन दीवारें), टिप्पल्स (रोशनी), पीएनसी (झंकार बीट्स) जैसी कम्पनियाँ अपनी आरम्भिक असफलताओं के बावजूद मैदान में हैं।

वर्ष 2002 में कई और निर्माण-कम्पनियाँ मैदान में आईं जो 2003 में दर्शकों को अपने जलवे दिखाएँगी। टाटा, चटर्जी ग्रुप, बिड़ला, सिंघानिया सब फिल्म-निर्माण में रुचि दिखा रहे हैं। सुनील शेट्टी, मनीषा कोईराला, रवीना टंडन जैसे स्टार लघु-मध्यम बजट की जरा हटके फिल्मों के साथ फिल्म निर्माण के व्यवसाय में उतरे हैं ताकि चलताऊ फिल्मों से ऊबे दर्शकों को रिझाया जा सके।

हालाँकि छोटे बजट की फिल्मों की सफलता धीमी होती है और अनिश्चित—राज़ इसका एक अपवाद है। उनके दर्शक केवल मुम्बई, पुणे और कभी-कभी दिल्ली में हैं। अगर फिल्म की थोड़ी प्रशंसा हो जाती है तो उपग्रह चैनलों और विदेश के वीडियो अधिकार की कुछ अच्छी कीमत मिल जाती

है, पर घरेलू बाजार में कोई खास लाभ नहीं होता। चूँकि मल्टीप्लेक्स में टिकटों की कीमत काफी ऊँची (रुपए 90-150) है इसलिए जरा हटके सिनेमा आन्दोलन के सफलता की जो उम्मीद इन छोटे सिनेमाघरों के फैलने से की जा रही थी, नहीं हो पाई।

आखिरकार, यही हाल समान्तर सिनेमा आन्दोलन का हुआ था—वह काफी खराब फिल्मों के बोझ तले दब गया। इस तरह के कई रुझान उभरे और डूब गए। जब भी कोई कम बजट की फिल्म व्यावसायिक रूप से सफल होती है, हर इच्छुक लेखक-निर्देशक जो इस बीच दूसरे धन्धों में लग चुका होता है, अपनी पुरानी ठुकराई जा चुकी पटकथा को निकालकर अपने भाग्य आजमाने की जुगत में लग जाता है।

बहरहाल, बाजार की हवा सकारात्मक है, और सारी उम्मीदों से कुछ बेहतर फिल्में बन पाईं, तो सचमुच काफी आशाजनक होगा।

आइए देखें अगर सममुच वैसी फिल्में बनीं और सफल हुईं तो क्या होगा? तीन चीजें हो सकती हैं। एक, वह करिश्माई नया फिल्मकार हमेशा छोटी फिल्में बनाता रह जाएगा क्योंकि उससे यही उम्मीद होगी और अगर वह इस पर खरा नहीं उतर पाया तो उसे बॉलीवुड में अपने-आपको बेच देने का दोषी ठहराया जाएगा। दो, उस करिश्माई फिल्मकार को अपनी बड़ी योजना को साकार रूप देने में खासी मशक्कत करनी पड़ेगी क्योंकि वह असली मुख्यधारा की फिल्म बनाने में दिलचस्पी दिखाएगा (मधुर भंडारकर कई सितारोंवाली फिल्म *आन* बना रहे हैं)—यही उसका सबसे बड़ा सपना होता है—या वह अगले कुछ साल किसी स्टार के मेकअप वैन के बाहर इन्तजार करे। तीन, वह करिश्माई फिल्मकार मुख्यधारा के फॉर्मूलों में फँसकर 'दिल', 'प्यार', 'मोहब्बत', 'खुशी', 'गम', 'साथ-साथ', 'दूल्हा-दुल्हनिया' जैसी फिल्में बनाता रह जाए।

यह सब इस पर निर्भर करता है कि कौन उस बड़े आइडिया के साथ आता है और सफल होता है।

पिछले सालों में लघु बजट की जरा हटके बनी फिल्मों की सूची :

दीपा गहलोत, *मुंबई में रहने वाली फिल्म पत्रकार, सिनेमा इन इंडिया का संपादन*

2003

सत्ता
बस यूँ ही
एस्केप फ्रॉम तालिबान
रघु मोरे बैचलर ऑफ हार्ट्स
स्टम्बल
मैंगो सुफ्ल
स्टम्प्ड (अप्रदर्शित)
उप्स (अप्रदर्शित)
जॉगर्स पार्क (निर्माणाधीन)

2002

मिस्टर एंड मिसेज अय्यर
लीला
यथार्थ
जिन्दगी खूबसूरत है
एक छोटी-सी लव स्टोरी
अग्नि वर्षा
एनकाउंटर : ए किलिंग
एबरीबडी सेज आय एम फाइन
डेंजर
लाल़ सलाम
देहम
16 दिसम्बर
मित्र माई फ्रेंड
फिलहाल

2001

बवंडर
मानसून वेडिंग
बॉलीवुड कॉलिंग
वीर सावरकर
चाँदनी बार
दमन
राहुल
जुबैदा

2000

हरी-भरी
डॉ. बाबा साहेब अम्बेडकर
स्निप
गजगामिनी
अस्तित्व
कैरी
निदान
हलो
ऊधम सिंह

1999

भोपाल एक्सप्रेस
रॉकफोर्ड
1947 द अर्थ
द टेरेरिस्ट
गॉडमंदर
स्प्लिट वाइड ओपेन
शहीद-ए-मोहब्बत बूटा सिंह
कौन
चलो अमेरिका

1998

बॉम्बे ब्वॉयज
फायर
सत्या
बड़ा दिन
हजार चौरासी की माँ
मानसून
कामसूत्र
हैदराबाद ब्लूज़

संघ परिवार को यश चोपड़ा की फिल्में क्यों सुहाती हैं?

मैथिली राव

फासीवादी ऐसे मीडिया को पसन्द करते हैं जिसे समय के मुताबिक अपने अनुकूल किया जा सके। गोएबल्स ने अत्यन्त प्रतिभाशाली लेनी रिफेंसताल के सहयोग से नाज़ीवाद का महाकाव्यात्मक रूपक गढ़ा और 'हिस्टीरिकल

विश्वास' (डेविड थॉमसन के मुहावरे में) का प्रचार किया। वह फिल्मकार, जो निस्सन्देह महान फिल्मकारों में शुमार किया जाता, अन्तर्राष्ट्रीय घृणा का शिकार हुआ। सौभाग्य से भारत में रिफेंसताल की प्रतिभा का कोई फिल्मकार नहीं है जो हिन्दुत्ववादी नव-फासीवाद के लिए काम करे। लेकिन यथास्थितिवाद को बनाए रखने और उसे पुरस्कृत करने के कई 'और' तरीके होते हैं। पुराने राजा-महाराजाओं की तरह फिल्म-उद्योग की पहचान बन चुके बड़े फिल्मकारों को, ऐसे फिल्मकारों को जो चमक-दमक वाली फिल्म-निर्माण शैली को बढ़ावा देते हैं, उनको शासन-सत्ता का हिस्सा बना जाता है, सौमित्र चटर्जी, तपन सिन्हा, देव आनन्द (ये केवल कुछ नाम हैं) जैसे बड़े-बड़े नामों की उपेक्षा करके उन्हें प्रतिष्ठित दादा साहेब फाल्के पुरस्कार से सम्मानित किया जाता है। यश चोपड़ा जैसे फिल्मकार भले ही हिन्दुत्ववादी शक्तियों के सीधे-सीधे हामी न लगते हों, पर उनकी फिल्मों में उस तरह के सन्देश इस प्रकार छिपे होते हैं कि वे जन-उपभोग का हिस्सा ही लगने लगते हैं। उनका प्रभाव उच्चवर्ग और जनता छाप दोनों पर ही एक-सा पड़ता है।

किसी ने कहा था कि सिनेमा राजनीतिक उद्देश्यों से रहित मासूम कार्रवाई है? इस संसार में कुछ भी राजनीति से परे नहीं है और यह उक्ति एक रूढ़ि बन चुकी है। लेकिन अमूर्त अर्थ में राजनीतिक होने के मायने थोड़े सूक्ष्म हैं—जैसे कोई एक तरह के विचार प्रकट

करे और मूल्य निर्धारण करे या फिर दूसरे तरह से वह अपनी राजनीति स्पष्ट करे, जहाँ विभिन्न क्षेत्र के लोग साथ काम करने की दिशा में कुछ करें। उस प्रकार की फिल्मों को, जो समकालीन राजनीतिक, सामाजिक विचारों का प्रचार-प्रसार करते हैं, राज्य का समर्थन हमेशा ही मिलता है—चाहे वह प्रत्यक्ष रूप से हो या अप्रत्यक्ष रूप से। मुझे ऐसा लगता है कि हमारी नजरों से चोरी-छिपे इस तरह का गठजोड़ पिछले दशक में बनता रहा है। और वह एक खतरनाक दशक रहा है।

मनोरंजन करनेवालों और राजनीतिक छत्रछाया देनेवालों के बीच गठजोड़ अवश्यंभावी होता है। कारण यह है कि लोकप्रिय सिनेमा दो विरुद्धों के साथ सफर करता है। उसकी दिलचस्पी यथास्थिति को बनाए रखने में होती है, और इस क्रम में वह बहुसंख्यक नैतिकता की व्यवस्था को भी नहीं छेड़ना चाहता है। लोकप्रिय सिनेमा अपनी युग चेतना के अनुरूप होता है, वह सामूहिक इच्छा को इस प्रकार अपने अन्दर प्रतिबिम्बित करता है कि उसके माध्यम से वह अधिक से अधिक लाभ कमा सके। समान्तर सिनेमा वैसे तो सुधारवादी था, पर उसने सामूहिक इच्छा की जगह वैयक्तिक चेतना को महत्त्व दिया। यह भी एक कारण था कि सिनेमा की कला का यह सजग रूप बजाए आम आदमी तक पहुँचने के कुछ खास लोगों तक ही पहुँचकर रह गया। जब विषय राजनीतिक हो तो भिन्नता और स्पष्ट हो जाती है। गोविन्द निहलानी की फिल्म 'द्रोहकाल' और गुलज़ार की फिल्म 'हुतुतु' में बहस गम्भीर रही, पर दर्शकों ने 'गदर' के उग्र राष्ट्रवाद के शोर-शराबे को पसन्द किया।

समस्या अधिक गम्भीर तब हो जाती

है जब तड़क-भड़क वाली सुपरहिट फिल्म के हर फ्रेम में वह छुपा हो। उस उपाख्यान को समझने के लिए, पढ़ने के लिए उनके मनोरंजन के निहितार्थ को समझना जरूरी है। 'मैंने प्यार किया' से लेकर 'कभी खुशी कभी गम' में मनोरंजन के साथ-साथ परम्परागत मूल्यों को आधुनिक ढंग से परोसा जाता रहा है।

समकालीन उपभोक्तावादी संस्कृति विरोधाभासों से पटी है और लोकप्रिय सिनेमा उन विरोधाभासों को अत्यन्त सूक्ष्मता के साथ पकड़ता है। समस्या इन विरोधाभासों को तरजीह देने की है—वह हमारे विवादग्रस्त राजनीतिक इतिहास की उलट धारा को मान्यता देती दिखती है। जाने-अनजाने? क्या इस आधार पर उसे सन्देह का लाभ देकर बरी किया जा सकता है? यह विवाद का विषय है और इसका उत्तर आसान नहीं है।

हमारा भाग्य तय करनेवाले वर्तमान राजनीतिक दल और छिटकी चाँदनी में छिछले रोमांस दिखानेवाले सबसे बड़े फिल्मकार का आपस में क्या रिश्ता हो सकता है? जिस राजनीतिक पार्टी की बात हो रही है भले ही सामने उसका सहिष्णु चेहरा हो, पर सर्वशक्तिमान संघ-परिवार ज्यादा परछाईं में नहीं रहता। वह ब्रह्माण्डीय युगपुरुष की भौंडी अनुकृति की भाँति ऊपर-नीचे, आगे-पीछे

करता रहता है। अगर मिथक से तुलना करें तो उसकी तुलना हाइड्रा के सिरवाले राक्षस से की जा सकती है जिसका केवल एक ही लक्ष्य है समाज के धर्मनिरपेक्ष ढाँचे को तोड़ देना, संविधान को फिर से लिखकर अल्पसंख्यकों को द्वितीय श्रेणी का नागरिक बना देना और हिन्दुत्व को भारतीयता की पहचान बना देना। अपने खास, संकीर्ण सन्देशों को नए लोगों तक इस प्रकार पहुँचाया जाए कि सांस्कृतिक जीवन से व्यापक तौर पर धर्म विशेष का सफाया हो जाए। हिन्दुत्व के बौद्धिकों ने लोकप्रिय सिनेमा के रूप में बना-बनाया हथियार पा लिया है।

यह महज संयोग नहीं है कि लालकृष्ण आडवाणी और सुषमा स्वराज (पूर्व सूचना-प्रसारण मंत्री, जो संरक्षण के अस्त्र का राजनीतिक इस्तेमाल करती रही हैं) दोनों स्वघोषित तौर पर हिन्दी सिनेमा के शैदाई रहे हैं। विशेषकर जो लोकप्रिय कट्टरता के मानकों के अनुरूप हो। वे हिन्दी सिनेमा की भयंकर पहुँच और प्रभाव से वाकिफ रहे हैं इसलिए वे बड़े-बड़े सिनेमाकारों को दादा साहेब फाल्के पुरस्कार देकर प्रोत्साहित करते हैं, तो राष्ट्रीय पुरस्कारों के चयन-मण्डल में पार्टी के मुताबिक काम करनेवालों को भरकर अपना राग बजाते हैं। पूर्व भाजपा सांसद को सेंसर बोर्ड का अध्यक्ष बना दिया जाता है। आनन्द पटवर्द्धन की *वार एंड पीस* के मामले में सेंसर बोर्ड का रवैया सामान्य से कुछ ज्यादा रूखा लगा, जिसमें फिल्मकार ने अपने गाँधीवादी रवैये को सामने रखते हुए दक्षिणपंथी हिन्दूवादी संगठनों और आणविक शिकारियों के बीच के सम्बन्धों का खुलासा किया है। कभी-कभी लगता है मानों हिन्दुत्ववादी शक्तियाँ हिन्दू उदारवादियों से ज्यादा चिढ़ती हैं बनिस्बत अल्पसंख्यकों के जिन्हें वे समझते हैं कि हत्याकांडों के भय से दबा देंगे। छद्म धर्मनिरपेक्ष जैसी अपमानजनक संज्ञा उनके लिए ईजाद की गई जो कट्टरपंथियों के हाथों से हिन्दूवाद की मूल सहिष्णुता को बचाए रखना चाहते हैं।

राष्ट्रीय स्वयंसेवक संघ वह नदी है जहाँ से हिन्दुत्व की धाराएँ निकलती हैं—नरम-गरम, उग्र-शान्त, व्यावहारिक-रूढ़िवादी। इस प्रकार की विचारधारा में रूढ़िवाद के कई चरण दिखते हैं। जिस तरह परभक्षी अपना ठिकाना

पहचान लेते हैं, हिन्दुत्ववादियों ने हिन्दी सिनेमा की नरमी को पहचान लिया है। यश चोपड़ा शिफॉन, मोती, साटिन, गुलाब वाले रोमांस के प्रचारक रहे हैं जिसमें अनचाहे ही नरम हिन्दुत्व को गूँथते रहे हैं। सामान्य दर्शक तो इस गठजोड़ को समझ भी नहीं पाते और अगर उन्हें इसकी जानकारी होती भी हो तो वे मात्र मनोरंजन समझकर इसकी अनदेखी कर देते हैं जिसने न सिर्फ भारतीय बाजार में अपनी धाक जमा रखी है, बल्कि नए-नए चकित पश्चिम में भी जगह बनाती दिखती है लेकिन इस नापाक गठजोड़ की गर्भ में हमारे बहुलवादी, धर्मनिरपेक्ष मूल्यों के प्रति खतरा पल रहा है। यह खतरा खुले तौर पर हिंसा और घृणा के रूप में अभिव्यक्त नहीं होता पर मनोरंजन के उपादानों के संग-संग हमारे सामूहिक जीवन का हिस्सा बन जाता है। हम फिल्म के प्रभाव में आ जाते हैं क्योंकि वह हमारे बारे में अच्छी जानकारी देता है, हमारी महान परम्परा और व्यक्ति पर, परिवार की महत्ता पर बल देता है। सिनेमा के पर्दे का स्वनिर्भर, परम्परागत परिवार अपनी चक्रीय किस्सा-कहानी में ऐकांतिक ही होता है। दरअसल, वह विस्तृत होकर राष्ट्र के रूपक में बदल जाता है।

'हम आपके हैं कौन' उस द्वीपीय दृष्टि का उदाहरण है। उसमें एक हँसता-खाता उच्चवर्गीय हिन्दू परिवार है, जो सांस्कारिक उत्सव मनाता रहता है। वह परिवार सबके केन्द्र में है, उसका एक खास मुस्लिम दोस्त है जो हँसोड़ है और हमेशा शायरी के साथ तैयार रहता है और वफादार नीची जातिवालों का एक ही काम है कि सेवा में लगा रहे और जब उसे परिवार का हिस्सा बताया जाए तो स्वयं को आभारी महसूस करे। विस्तार में देखने पर यह एक सौहार्दपूर्ण तरीके से रहनेवाला सुखी राष्ट्र का रूपक लगने लगता है। यहाँ ध्यान रखने की बात है कि गहनों से लदी सुन्दर स्त्री का काम ठहरता है गाना गाना, नाचना, खाना पकाकर खिलाना और परिवार का उत्तराधिकारी पैदा करना। यश चोपड़ा में न सिर्फ ऐसा होता है बल्कि बड़जात्या परिवार में भी उस पितृसत्तात्मकता की झलक मिलती है।

कोई भोला-भाला ही ऐसा सोच सकता है कि लोकप्रिय सिनेमा और राजनीतिक विचारधारा का आपस में कोई लेना-देना नहीं है। राजनीतिज्ञों

से यह आशा की जाती है कि वे सिनेमा को आमजन की अफीम समझकर उसे खारिज़ कर दें। लेकिन वे राजनीतिज्ञ मार्क्सवादी नहीं होते। असल में वाम दिशा को हमारे सिनेमा में क्रान्ति का कारण समझा जाता रहा है। याद कीजिए आजादी के बाद राजकपूर के रोमांटिक समाजवाद को। उससे पहले प्रगतिशील लेखकों और सोवियत सिनेमा द्वारा उस लोकप्रिय मुहावरे का प्रचार किया जा रहा था। नेहरू के समाजवाद के सपने और धर्मनिरपेक्ष आदर्शों को पक्का समर्थन इप्टा की ओर से मिला। इस प्रगतिशील जमात की आवाज का जाति, धर्म, ऊँच-नीच के जटिल विभाजनों में बँटे समाज पर कुछ खास असर भले न पड़ा हो पर इसने कम से कम धार्मिक एवं सामन्ती कट्टरताओं को चुनौती तो दी। नायक, चाहे वह 'श्री 420' के राजकपूर रहे हों, या 'नया दौर' के दिलीप कुमार या 'जंजीर' और 'दीवार' के अमिताभ बच्चन, वे व्यक्तिगत तौर पर और दबे-कुचलों के प्रतिनिधि के बतौर व्यवस्था-विरुद्ध होते थे। वे स्वयं से भी ज्यादा महत्त्व उन मुद्दों को देते थे जिनके लिए वे लड़ते थे। और वह मुद्दा और उसका सन्दर्भ समकालीन किसी खास अवस्था को दर्शाता था।

'मदर इंडिया' का ही उदाहरण लें। महबूब खान ने श्वेत-श्याम औरत को नेहरू-युग के बड़े बाँध और विकास के बड़े सपने से जोड़ दिया था। बहता पानी लाल हो जाता है जब विराट् मातृशक्ति को नए नहर के उद्घाटन की जिम्मेदारी सौंपी जाती है। जब 'मदर इंडिया' का रूपांतरण 70 के दशक के शहरी-जीवन में हुआ, तो फिल्म बनी 'दीवार'। माँ अपने मरते हुए बेटे को अपने हाथों में थामती है लेकिन वे हाथ बन्दूक की नली नहीं थामते। माँ अभी भी फिल्म में नैतिक एवं भावनात्मक केन्द्र के रूप में है लेकिन धर्म की रक्षा करनेवाले के रूप में उसकी भूमिका नहीं रही। उसकी जगह उसका पुलिस अफसर पुत्र ले लेता है। दोनों फिल्में अपने-अपने समय के मुहावरों के साथ जीवित हैं।

सलीम-जावेद की पटकथाओं में उन गुमसुम उलझनों के गुस्से की झलक होती थी जो नेहरूवादी सपनों के छले जाने और गरीबी हटाओ के खोखले नारे से पैदा हुई थी। गरीबी हटाओ का नारा देनेवाली सरकार

प्रजातन्त्र का गला घोंटकर इमरजेंसी लगाने की जिम्मेदार थी। 'जंज़ीर' के शेर खान की तरह 'दीवार' के रहीम चाचा संभ्रांत मुसलमानों के प्रतिनिधि हैं जो विजय को न सिर्फ मजलूम गोदी कर्मचारियों के रक्षक के रूप में चुनते हैं, बल्कि अल्पसंख्यकों के रक्षक के रूप में भी। रहीम चाचा की सलाह पर विजय, जो बिल्ला नं.-786 धारण करता है, उसके कारण वह अपराधी गुटों की आपसी लड़ाई में बार-बार बच जाता है। यह सही है कि पर्दे पर का मुसलमान चरित्र एक रूढ़ि थीं पर उसमें भरसक विश्वसनीयता पैदा करने की कोशिश की गई है। अपनी पुस्तक 'आइडियोलॉजी ऑफ हिन्दी फिल्म' में माधव प्रसाद रहीम चाचा के कर्तव्यों की व्याख्या करते हुए लिखते हैं कि 'वह एक दाता के रूप में है, ऐसा दाता जो नायक को अपने धर्म की अच्छाइयाँ देता है।' वह 'हम आपके हैं कौन' के हँसोड़ शायर मुस्लिम डॉक्टर से कोसों दूर है। मातृपेक्षी पुत्र, जिसके चरित्र में कर्ण की गूँज सुनाई देती है, में आधुनिक अकेलापन झलकता है। वह एक ठुकराया हुआ पुत्र है जो अपनी माँ की नजरों में खरा उतरना चाहता है। इसी क्रम में उसका अंदरूनी गुस्सा झलकता है। एक लड़की के साथ उसका रहने भर का रिश्ता भी है। तो भी वह पिछड़ों, धर्म और गरीबों की एकता के पक्षधर के रूप में खड़ा होता है।

हिन्दी सिनेमा की बड़ी विडम्बनाओं में एक यह रही है कि किस प्रकार 'दीवार' के निर्माता ने युवा-रोमांस को कम करके उद्वेलित करनेवाली एक फिल्म बना डाली। 'दीवार' भावनात्मक उबाल से भरी हुई फिल्म है—ऐसे आंतरिक उबाल से जो हिन्दी सिनेमा के उस आखिरी बड़े कलाकार की पहचान रही है। हिन्दी सिनेमा फिर कोई वैसा स्टार नहीं पैदा कर पाया और जब सिनेमा वर्तमान महानायकों के नाम पर पैसा नहीं कमा पा रहा है तो उस भावनात्मक उबाल की कमी दिखने लगी है। 'लगान' जैसे अपवाद इस बात को सिद्ध करते हैं। विश्वव्यापी प्रश्नाकुलता को हल्के-फुल्के ढंग से शांत कर दिया जाता है। क्रोध, भावना सब को शांत कर दिया गया है और साफ-सुथरी फिल्म भारत और विदेशों में भी दर्शकों को जीत रही है। यह कोई संयोग नहीं है कि 1990 के दशक से बॉलीवुड ने निर्णायक ढंग से

विश्वव्यापी दिशा अपनाई। भूमंडलीकरण और उदारवाद उस दशक के मंत्र रहे। सोवियत संघ के पतन ने वामपंथ को कमजोर किया, उसके स्थान पर उपभोक्तावाद बढ़ा। उपग्रह चैनलों से सेक्सी हास्य-धारावाहिक, अनैतिक सोप-ऑपेरा, खुल्लमखुल्ला चैट शो, एम.टीवी की निरर्थक शैली आदि-आदि बरस रहे थे। वह काफी गहरा सांस्कृतिक भूकंप था जिसके झटके आज तक महसूस किए जा रहे हैं।

1990 का दशक ऐतिहासिक रूप से महत्त्वपूर्ण था। उस पर पिछले दशकों का बोझ तो था ही नई शताब्दी के आगमन की प्रतीक्षा भी थी। ऐसे समाज में परम्परागत पारिवारिक मूल्यों की वापसी अवश्यंभावी ठहरायी जा सकती है जो भूमंडलीकरण के झटकों का सामना कर रही थी। ये मूल्य नए-नए निर्देशकों द्वारा बनाई जा रही बेहद सफल फिल्मों में शामिल थे। उनकी समझ भले ही अलग-अलग रही हो लेकिन अपने समय की चेतना उनमें भरपूर थी—नई तकनीक के साथ नई रूढ़िवादिता परोसी जाने लगी। 'हम आपके हैं कौन', 'कुछ कुछ होता है', 'दिलवाले दुल्हनिया ले जाएँगे', 'दिल तो पागल है', 'परदेस' और 'ताल' (बॉलीवुड) के बुजुर्ग शोमैन ने इन नए निर्देशकों से दिशा ली। 'कभी खुशी कमी गम'—ये सब कुछ प्रमुख सफल फिल्में हैं जो उस दौर की मनःस्थिति को दर्शाती हैं। ये सारे नये-नये निर्देशक यश चोपड़ा की परम्परा में ही ठहरते हैं, जिनका प्रभाव पहले से और बढ़ा है और बाजार पर उनकी पकड़ भी।

विस्थापित भूमंडलीकृत दर्शक, अकसर जिसकी वफादारी की कल्पना कर ली जाती है, के लिए यह सन्देश है कि वे अपने कट्टरपंथी अतीत में लौट जाएँ और अपनी बिरादरी के उत्सव में शामिल हो जाएँ। परेशानी में डालनेवाले सामाजिक यथार्थ के इस दौर के इस उत्सव में औरतों को पूजा की वस्तु समझा जाता है। यह एक ऐसे समाज का लक्षण बताता है जो सामूहिक स्मृति और बदलाव के ऐतिहासिक द्वन्द्व में फँसा भूमंडलीकरण के एक से पन का खतरा महसूस कर रहा है। सामंती पितृसत्तात्मक समाज में स्त्रियों को मूल्यों के रक्षक और वाहक के रूप में देखा जाता रहा है। 90 के दशक के इस उभार में पारिवारिक मूल्यों एवं कर्त्तव्यों पर बल रहा है। साम्यवाद के

पतन और फुकुयामा के इतिहास के अन्त (विचारधाराओं के संघर्ष को हंटिंगटन ने सभ्यताओं के संघर्ष में बदल दिया) के इस दौर में नव-कट्टरपंथियों का बल पारिवारिक मूल्यों पर रहा है। इस कारण, हर चुनाव-वर्ष में (विशेषकर क्लिंटन के विवादास्पद दूसरे दौर के बाद) उम्मीदवार हॉलीवुड की उन अनैतिक फिल्मों के खिलाफ प्रचार करते पाए जाते हैं जिनके कारण पारिवारिक मूल्यों में गिरावट आई।

अगर पश्चिम में उत्तर-स्त्रीवाद और उत्तर-संरचनावाद के दौर में रूढ़िवादी मूल्यों का उभार देखने में आया, तो भारत में कई विरोधाभासी जटिलताओं के बीच परम्परागत उभार देखने में आया। इन फिल्मों में दो ऐतिहासिक तथ्यों का संयोग दिखता है। प्रथमतः सामान्य, सुखकर, जीवन की एक राष्ट्र की सामूहिक इच्छा (जब राष्ट्र, जो एक बड़ा परिवार है, की अखंडता, स्वायत्तता, धर्म, जाति आदि के हिंसक आचारों द्वारा खतरे में है) के रूप में दिखती है। दूसरे, पश्चिमीकरण के कारण बढ़ती वैयक्तिकता के कारण पारिवारिक बंधनों के लिए खतरा पैदा हो गया है। लेकिन, ये सारी उच्छृंखलताएँ उपभोक्तावाद के सुखोपभोगों से पगी होती हैं।

दक्षिणपंथी हिंदू-उभार, जो कि निश्चित तौर पर पितृसत्तात्मक रहा है, इन फिल्मों का कथा-रूप देता रहा है। हिन्दूवादी विचारधारा का एक अघोषित एजेंडा रहा है पितृसत्तात्मक परिवार की पुनःस्थापना जिसमें औरतों की भूमिका नगण्य ही रहती आई है। उसको देवी के रूप में तभी पूजा जाता है जब वह अपने परिवार के लिए अपने स्वार्थों का त्याग कर देती है। पारिवारिक फिल्में पितृसत्तात्मक का सबसे बेहतर प्रचार करती हैं। 'हम आपके हैं कौन' लोकप्रिय संस्कृति में एक विभाजक रेखा की तरह है जो समाज की चिन्ताओं को दूर करने का सीधा-सादा, सरल तरीका ढूँढ़ निकालती है। दो पवित्र परिवारों, जो नाचने गाने का कोई मौका नहीं गँवाते, की कथा में दहेज जैसा घृणित शब्द कभी दिमाग में नहीं आता। यहाँ तक कि सूरज बड़जात्या की पहली फिल्म 'मैंने प्यार किया' में अमेरिका पलट नायक देशी, घरेलू लड़की का चुनाव अपने लिए करता है। जिसे उसकी माँ का समर्थन होता है क्योंकि हमारे फिल्मी हीरो अपनी माँ के ही लाड़ले

होते हैं। जबकि पिता ने उसके लिए धनी, उच्चवर्गीय लड़की का चुनाव कर रखा था। सूरज बड़जात्या की 'हम साथ साथ हैं' अपने स्टार अभिनेताओं के बोझ तले ही दब गयी। रामायण की कथा के इस पुनर्निर्माण में भावुकता और नैतिकता का उचित सम्मिश्रण था।

एक स्पष्ट बदलाव 90 के दशक के सिनेमा में दिखाई देता है। हालाँकि उनमें पारंपरिक भारतीय मूल्यों के प्रति लगाव झलकता है, पर 'मैंने प्यार किया' से लेकर 'कुछ कुछ होता है' जैसी फिल्मों तक पुरुष-स्त्री के बीच मित्रता को 'युवा-स्त्री-पुरुष' के संबंधों का आधार माना गया। बरसों पहले 'बॉबी' में यह सवाल किया जा सकता था कि मुझसे दोस्ती करोगे? वह प्रश्न पारिवारिक मूल्यों के प्रति समर्पित प्रेमी-प्रेमिकाओं के लिए नए दौर का सूचक बन गया। 90 के दशक में प्रथम-दर्शन में प्यार नहीं होता। प्रेम दोस्ती और साहचर्य से उपजता है। लैला-मजनूं जैसा प्यार समाज की शांति और औचित्य को बाधित करता है। यश चोपड़ा ने बरसों पहले इस आवेगात्मक प्यार का स्थानापन्न प्रस्तुत किया था। 'सिलसिला' की कास्टिंग ने दर्शकों को पर्दे पर अमिताभ-जया-रेखा के तनावपूर्ण संबंधों को देखने के लिए उकसाया, पर असल में निर्देशक ने उसमें छल किया। बजाए इसके कि इसमें महानगरीय विवाह के तनावों का परीक्षण होता जहाँ अवैध-संबंध पनप उठते हैं, चोपड़ा ने सात फेरों के बंधन में आस्था दिखाई और विषय की उलझन से बाहर निकल गए। 'कभी-कभी' की गहरी उदासी भी अंदर ही अंदर सुलगती रहती है। आश्चर्य नहीं कि उनके लड़के आदित्य ने टाल-मटोल के इस गणित को अच्छी तरह समझकर थोड़ी-सी उलझन पैदा कर 90 के दशक की एक बड़ी सफल-गाथा साकार की।

पढ़ी-लिखी लड़की द्वारा अपनी वैयक्तिकता को सामने रखने को भली-सुथरी व्यावसायिक फिल्मों के लिए खतरा माना जाता रहा है। 'दिलवाले दुल्हनिया ले जाएँगे' में वैयक्तिकता के स्वीकार के बाद बड़ी सफाई से उस संभावना को छोड़ दिया गया है। पहले, काजोल के खामोश विद्रोह और बाद में उसकी मार्मिकता का उद्घाटन फरीदा जलाल अपनी स्मृति के आधार पर करती है कि किस प्रकार उसकी शिक्षा की आकांक्षा उसके भाइयों के

कारण पूरी नहीं हो पाई। आदित्य चोपड़ा इतने युवा और चतुर तो हैं ही कि वे काजोल के विद्रोह को नाटकीयता प्रदान कर सकें पर उनका हीरो, एक बेफिक्र आप्रवासी जो वैसे तो बियर पीता है, पर उसके दिल में शुद्ध भारतीय मूल्य उछालें मारता रहता है। वह इस बात में विश्वास करता है कि लड़की का हाथ उसका पिता ही पति के हाथ में दे सकता है, भले ही लड़की उसके साथ भाग जाने को ही क्यों न तैयार हो। हालाँकि नायक इतना रोमांटिक तो है ही कि हीरोइन के साथ करवा चौथ का व्रत रखता है और दोनों चाँदनी रात में छत पर साथ-साथ रोटी तोड़ते हैं। उत्तर भारतीय कथा-चित्रों से लेकर गुजरात की कथा 'हम दिल दे चुके सनम' में भी करवा चौथ का उपयोग दिखता है। दिल्ली के होटलों में करवा चौथ पर किटी पार्टी आयोजित की जाती है। अब करवा चौथ स्त्रीवादियों से छुपकर की जानेवाली कोई रसम नहीं रही, बल्कि जिनके लिए संभव है वे पाँचसितारा होटलों में उसका आनंद उठा सकती हैं। एक सामान्य आचार पाँच सितारा होटल में पहुँचता है और उसकी मार्केटिंग शुरू हो जाती है। हिन्दू स्त्रियाँ अपने पतियों के लिए उपवास रखती हैं, मार्केटिंग गुरुओं के लिए वह भुनाने का नया नुस्खा हो जाता है।

'राजा हिन्दुस्तानी' एक ऐसी कथा है जिसमें कस्बे के एक अति सामान्य आदमी के प्यार में शहर की लड़की पड़ जाती है। धर्मेश दर्शन हमें इस बात का विश्वास करने के लिए कहते हैं कि विदेश में पढ़ी बड़े बाप की बेटी एक ऐसे गँवार टैक्सी ड्राइवर के प्यार में पड़ जाती है जो मर्दानगी के घिसे-पिटे विचारों में यकीन रखता है। निर्देशक पुरातनपंथी जनता का मन मोह लेता है जब परित्यक्ता पत्नी पूरी श्रद्धा से अपने पति के लिए करवा चौथ व्रत रखती है।

बाद में 'धड़कन' में धर्मेश दर्शन यश चोपड़ा के ढर्रे को अपनाते दिखते हैं। लेकिन इस प्रेम-त्रिकोण की कथा का आधार उसी परांपरागत पितृसत्तात्मक ढाँचे में है जिसमें एक अच्छे पति की कामना और उसके प्रति समर्पण होता है—अमीर बाप की बेटी को उसके प्रेमी से शादी करने से रोककर एक बड़े व्यापार-घराने के वंशज से कर दी जाती है जो बाद में उसकी महानता

से प्रभावित हो जाती है।

अगर 'दिलवाले दुल्हनिया ले जाएँगे' आप्रवासी भारतीयों की रीढ़ की कथा है, तो 'परदेस' उन आप्रवासियों के प्रेम-घृणा की कथा है—प्रेम-घृणा की ऐसी कथा जिसकी अनेक सतहें हैं। देशी-विदेशी भाईजादों की, फिर अब आप्रवासियों की जो पश्चिम के सुखोपभोग के साथ-साथ मिथकीय भारत की आध्यात्मिकता और पवित्रता में भी आस्था बनाए रखते हैं। अमरीश पुरी बेहद रईस आप्रवासी भारतीय है जो अपने गाँव लौटता है और अपने बचपन के दोस्त की लड़की गंगा को अपने अमरीकी संस्कृति के भक्त बेटे के लिए चुनता है। वह कहता है कि हमें गंगा जैसी लड़कियाँ चाहिए जो अमरीकी रहन-सहन वाले लड़के को पवित्र बना सकें। गंगा परंपरा की धारा है जो अमरीकी भारतीय को पवित्र कर देगी जिसमें उस लड़की के परांपरागत उच्च मूल्य भी शामिल होंगे। गंगा की माँ का नाम नर्मदा है। यह बताने के लिए शायद कि हम उन मिथकीय नामों के रूपकीय महत्त्व को भूल न जाएँ।

सुभाष घई ने फिर साहस करके 'ताल' बनाई। ऐश्वर्या राय की यौगिक मुद्राएँ, रहमान का सूफी-प्रभावित संगीत—सब मिलकर 'ताल' की खिचड़ी तैयार की गई। पहाड़ों की योगिनी-अप्सरा सी दिखनेवाली लड़की का नाम भी प्रतीकात्मक है—मानसी, जो देखते ही देखते एमटीवीनुमा आधुनिका बन जाती है, अंतर्राष्ट्रीय ख्याति की स्टार बन जाती है, पर उसका दिल अब भी अपने पहले और एकमात्र प्रेमी के लिए धड़कता है। लेकिन जब तक उसके भाग्यविधाता पुरुष उसके पिता और संगीत-उद्योग का बहुत बड़ा व्यापारी शारीरिक और मानसिक तौर पर उसे प्रेरित नहीं करते, वह उस पुरुष के पास जाती भी नहीं जिससे वह विवाह करना चाहती है। इतनी बड़ी स्टार होते हुए वह परवश में ही है। हालाँकि फिल्म की कथा में इतना साहस तो है ही कि उसे सफल कामकाजी स्त्री के रूप में दिखाया गया है। फिल्म का छलिया हीरो मानव, जो मूलतः आप्रवासी भारतीय है, संगीत रिमिक्स करने का व्यापार चलाता है। जिसके साथ-साथ यह दुखद प्रेमकथा चलती है। वैसे प्रेम इसमें क्षीण भी है। तनाव के स्थान पर फिल्म में कुछ खूबसूरत

दृश्यों को दिखाया गया है। यही कारण है कि शायद फिल्म 'ताल' भारत से ज्यादा आप्रवासियों में सफल रही।

पितृसत्तात्मकता का जलवा आधुनिक तड़क-भड़क वाली फिल्मों में भी दिखता है। 'कुछ-कुछ होता है', जो हल्के-फुल्के मनोरंजन का बेहतरीन नमूना है, की नायिकाएँ काजोल और रानी मुखर्जी भारतीय स्त्री के गुणों से भरी हुई हैं। काजोल शिफॉन की साड़ी पहनने लगती है और रानी अपने मिनीस्कर्ट और ऑक्सफोर्ड की शिक्षा के बावजूद *ओम जय जगदीश हरे* गाती है। 'कभी खुशी कभी गम' उसका एक और उदाहरण है। करण जौहर वैभव और रूपक निर्माण में अपने उस्ताद से भी आगे निकल गए लगते हैं। विरक्त बहू का अपने ससुर के प्रति प्रेम लंदन के मॉल पर दिखाया गया है और दिल्ली का भीड़-भरा चाँदनी चौक भी गुलाबी सुन्दरता से भरा दिखाई देता है।

'हम दिल दे चुके सनम' फिल्म की रंगीन स्थानीयता में पली-बढ़ी ऐश्वर्या राय को अपनी मंगलसूत्र की पवित्रता का पता तब चलता है जब उसका त्यागी, भारतीय पति उसे लापरवाह, जन्म से आधे इटालियन से पुनः मिलवाने की कोशिश कर रहा होता है, जो उसका पूर्व प्रेमी भी रहा है। इस तरह का ढकोसला, भले ही वह कितने ही सुंदर दृश्यों के सहारे क्यों न दिखाया गया हो, परेशान करता है। खासकर तब और भी ज्यादा जब वह निस्संदेह एक बेहद प्रतिभाशाली निर्देशक संजय लीला भंसाली की ओर से आता है। भंसाली की पहली फिल्म 'खामोशी : द म्यूजिकल' में गोवा की खूबसूरती के साथ एक ऐसी संगीतमय कहानी थी जो निश्चय ही चालू फॉर्मूले से हटकर थी। लेकिन बॉक्स ऑफिस पर उस फिल्म की असफलता ने निर्देशक को परंपरागत और रूढ़िवादी मूल्यों की सुरक्षित बाँहों में जाने के लिए प्रेरित किया। इन फिल्म-निर्माताओं के मुताबिक आधुनिक भारतीय स्वाधीन महिला बॉक्स ऑफिस पर सफलता नहीं दिला सकती।

यह बात कुछ-कुछ आप्रवासी भारतीयों के संदर्भ में भी लागू होती है। यहाँ यह नहीं भूलना चाहिए कि आप्रवासी भारतीयों का बहुत बड़ा हिस्सा विश्व हिन्दू परिषद के प्रभाव में है और पश्चिम के जीवन के मजे ले रहा है। आप्रवासी भारतीय इस दुविधा में है कि वह किस प्रकार अपने बच्चों में भारतीय मूल्यों

की शिक्षा पैदा करे, उसके पास समय का अभाव है। उसके पास हिन्दी सिनेमा का विकल्प बचता है—हॉलीवुड के अभिनेता-अभिनेत्रियों के प्रभाव में आ चुके अपने बच्चों को नैतिकता का पाठ सिखाने का अमरीकी भारतीयों के लिए विश्व हिन्दू परिषद धर्म-परिचय कार्यशालाएँ चलाती है। कैलिफोर्निया एकीकृत अध्ययन संस्थान में सामाजिक-सांस्कृतिक मानवशास्त्र की प्रोफेसर अंगना चटर्जी ने अमरीका में बसे भारतीयों को इस बात की चेतावनी दी कि उनसे अपने देश में विकास के नाम पर डॉलर ठगा जा रहा है। इंडिया डेवलपमेंट एंड रिलीफ फंड की पोल हाल में ही एक आप्रवासी ने खोली है। यह अपेक्षाकृत प्रतिष्ठित संगठन है जिसमें विकास कार्यों के नाम पर चंदा इकट्ठा किया जाता है लेकिन सारा पैसा राष्ट्रीय स्वयं सेवक संघ से जुड़े संगठनों में ही बाँट दिया जाता है। चटर्जी ने काफी गहराई से आप्रवासी भारतीयों के पश्चिमी समाज से अलगाव के विषय में लिखा है। वह लिखती हैं, 'जितना ही यह अलगाव बढ़ता है, उतना ही कथा रूपों की चाह बढ़ती है। ऐसे में ऐसे भारतीय की कल्पना शक्ति बढ़ जाती है, जो न कभी था और न कभी होना चाहिए। ये मिथक इस स्वप्न को जन्म देते हैं कि जहाँ यहाँ की बुराइयों से बचकर हिन्दू प्रवासी लौटेगा, बुराइयों को दूर कर सम्मान स्थापित करेगा और विजयी कहलाएगा।'

मिथ-निर्माण का हिन्दी सिनेमा से बढ़िया उपकरण क्या हो सकता है? इसके साथ ही साथ संघ परिवार के योद्धा का जो संदेश फैल रहा है उसे सोचकर भी डर लगता है।

चटर्जी आगे कहती हैं, 'हिन्दू-राष्ट्र की भावना ज्यादा गहरी है। खतरनाक कहानियाँ प्रचारित की जाती हैं। मुसलमान आतंकवादी होते हैं और गुजरात में उनकी हत्या सही थी, इस छद्म राष्ट्रवाद के दौर में हिन्दूवाद को अच्छा-खासा समर्थन मिल रहा है।' समानान्तर सिनेमा की तो बात ही छोड़ दीजिए 'गुलाम' और 'सत्या' जैसी फिल्में भी 'दिलवाले दुल्हनिया ले जाएँगे' और 'कभी खुशी कभी गम' जैसी नहीं चलीं।

एक अस्पष्ट भारतीयता बन रही है जिसमें शादी के रस्मो-रिवाज हैं, करवा चौथ है, भारी सोने के आभूषण हैं और इन सब के साथ भारतीय

परम्परा भी है। असंतुष्टों को और क्या चाहिए? यश चोपड़ा मार्का सिनेमा आप्रवासी-भारतीय जगत में खूब चलता है जिसमें भारतीय कला के नाम पर भौंडापन होता है और सच्चे भावों की जगह भावुकता।

हम इस बात पर खेद व्यक्त करते हैं कि फाल्के पुरस्कार का हिन्दुत्ववादियों ने किस प्रकार राजनीतिकरण कर दिया। यश चोपड़ा संघ परिवार और हिन्दी सिनेमा के संगम के प्रतीक बनते हैं। इससे पहले सुषमा स्वराज ने सेवानिवृत्त एम.वी. कामथ को प्रसार भारती का अध्यक्ष बनाकर उन्हें बाबरी मस्जिद के गिराए जाने के समर्थन करने का इनाम दिया। केवल उम्मीद ही की जा सकती है कि इस तरह के पक्षपात पर भी कभी नजर होगी। बौद्धिक वर्ग और हिन्दूवादी सत्ता-दलालों के बीच मेल-जोल नहीं बढ़ रहा है। ऐसे में इस नए शहरी सिनेमा से यही उम्मीद की जाती है कि उसके विभिन्न प्रयोगों में इसके तेवर कुछ और सुधारवादी हों, भले ही वह छोटे दर्शक-वर्ग के लिए ही हों।

देश हुआ परदेश

सहजो सिंह

आप अपनी याददाश्त पर थोड़ा ज़ोर डालिए। थोड़ा और. ..

याद कीजिए पिछली बार आपने भारतीय सिनेमा के पर्दे पर गाँव कब देखा था। याद आया?

हाँ...कभी-कभी फ्लैश बैक में दिखता है—जैसे दयोल भाइयों की फ़िल्मी 'दिल्लगी' का डिजाइनर फार्म

या 'दिलवाले' वगैरह में आप्रवासी भारतीयों की कल्पनानुसार रचा गोटाकिनारी लगा गाँव।

कभी-कभी मणिरत्नम की फिल्मों में कहानी शुरू करने में सहायक होता है गाँव (रोजा, दिल से) लेकिन ज्यादातर उसका इस्तेमाल कूल्हा हिलाऊ नृत्यों के लिए जरूरी सरसों के खेतों और घास के मैदानों के लिए ही होता है।

हाँ, याद आया, अभी तो वो आई थी—'लगान'।

था न उसमें एक चम्पानेर, क्या बढ़िया गाँव था, भई वाह, एक-एक चीज बिलकुल सही। तो क्या हुआ अगर वह बहुत समय पहले की बात थी।

लगान का अर्थ होता है खेती की ज़मीन पर कर। आपको क्या थोड़ा-सा अचरज हुआ कि जिस फिल्म का नाम लगान हो, उसमें खेती करने का एक भी दृश्य न हो। न जुताई-बुवाई, न कटाई और न अनाज की सँभाल, न ईंधन, चारा, पानी जुटाने की मशक्कत। ऐसा क्यों?

क्योंकि दरअसल फिल्म तो क्रिकेट के बारे में है, लगान तो बस जीत-हार की शर्त है। यह शर्त कुछ और भी हो सकती थी। खैर फिर भी यह तो तय है कि 'लगान' का खरापन, उसकी सुन्दरता और गठन है वह निश्चित गाँव से ही मिला है।

क्या आप शहर में 'लगान' की कल्पना कर सकते हैं?

ऐसी ही एक और फिल्म याद आई—'विरासत'। लेकिन और कुछ नहीं। अब तो गाँव बिलकुल दिखाई ही नहीं पड़ते।

वैसे अभी, ज्यादा समय नहीं बीता, जब रामगढ़ 'शोले' की पहचान था और आप यह भी तो मानेंगे कि हेमा मालिनी, वहीदा रहमान, मुमताज जैसी नायिकाएँ हर दूसरी फिल्म में गाँव की छोरी बनती थीं।

पता नहीं ऐसा पहली दफा कब हुआ, पर एक दिन हिन्दी सिनेमा के पर्दे से भारतीय गाँव अचानक गायब हो गए, और किसी ने उनके गायब हो जाने का अफसोस नहीं किया।

जबकि, आज भी ज्यादा हिन्दोस्तानी गाँव में ही जीते हैं, प्यार करते हैं और मर जाते हैं। और जो रोजी-रोटी की तलाश में शहर की बदबू भरी

झोंपड़पट्टी में रहते हैं वे भी सपनों में अपने गाँव कूच कर जाते हैं।

लेकिन अगर आप उन खुशनसीबों में से एक हैं, जिन्हें फिल्म फेस्टिवल में जाने का मौका मिलता है तो आप साहसी स्वतन्त्र सिनेमा में आज भी गाँव को देख-महसूस कर सकते हैं। पर यह एक ऐसा सौभाग्य है जिसे गाँवों में रहनेवाले हिन्दुस्तानियों के साथ नहीं बाँटा जा सकता, क्योंकि वहाँ इन फिल्मों को ले जानेवाला कोई नहीं है। न वहाँ के कच्चे-पक्के सिनेमाघरों में, न हाट-बाज़ार या मेले में लगनेवाले टेंटों में।

शायद वितरकों की इस बात में भी कुछ दम है कि यह जो नया साहसी सिनेमा है, उसमें ग्रामीण तो हो सकता हो, पर जिस तरह से वे बनाई जाती हैं वह ढंग शहरी रूप रंग बौद्धिक होता है और बननेवालों की नजर विदेशी सिनेमा फेस्टिवल और पुरस्कारों पर होती है।

ये कुछ मुश्किल मसले हैं, मुश्किल इसलिए भी कि इनका जवाब सिनेमा की हदों के बाहर है। ऐसा कहना शायद अतिशयोक्ति न हो कि ग्रामीण भारत हाशिए पर चला गया है। टेलीविजन और अखबारों में भी ऐसा ही दिखता है कि यदि किसी गाँव का नाम आएगा तो या तो कोई दुर्घटना हुई है या चुनाव होनेवाले हैं।

इस देश की प्राथमिकताएँ बदलीं तो शायद धीरे-धीरे, कि पता भी न चला। और यह यकीन नहीं आता कि कुछ दिन पहले तक हर भूमिहीन को जमीन, हर घर में पीने का पानी और हर बच्चा स्वस्थ हो और स्कूल में हो, यही इस देश की प्राथमिकताएँ थीं।

आज हैं मोबाइल फोन, महँगी कारें, एक खास मन्दिर और परमाणु बम।

जरा सोचिए कि क्या आज का शहरी भारत यह जानता भी है कि गाँवों के लोग कैसे दिखते हैं? किस-किस तरह के अनगिनत किस्से वे अपने बच्चों को सुनाते हैं, अपनी दीवारों को वे कैसे किस्सों से सजाते हैं और कौन-सी हैं वो घुमन्तू कथावाचकों की चमत्कारिक कहानियाँ, जो उन्हें रात भर जगाए रखती हैं, चाहे वे राजस्थान के गोपा गोपी हों या बंगाल के पोटकोथा वाचक।

लेकिन सबसे महत्त्वपूर्ण बात है कि क्या हमारे गाँव के हिन्दुस्तानी इस बात से बाखबर हैं कि राष्ट्र की बहुत बड़ी सम्पत्ति जो फूहड़ तरीके से आधुनिक मनोरंजन और संचार के साधनों में लगाई जाती है उसमें उनका भी बराबर का हिस्सा है। आखिरकार राष्ट्रीय आय में सबसे ज्यादा योगदान वे ही करते हैं। कमरतोड़ मेहनत करके, रूखा-सूखा खाकर।

इससे पहले कि कोई कह उठे कि...''यही तो दर्शक चाहता है...'' मैं ईरानी सिनेमा की ओर ध्यान दिलाना चाहूँगी। ईरानी सिनेमा भी उसी तरह के वैश्वीकरण के आर्थिक हालात में बनाए जा रहे हैं। भारतीय सिने-उद्योग के मुकाबले उसकी मुश्किलें ज्यादा गम्भीर हैं, तो भी ईरानी सिनेमा में ईरानी गाँव, हाड़-मांस के जीते-जागते गाँव होते हैं। और शायद ईरानी सिनेमा इसलिए समृद्ध है।

यह सिनेमा पुरस्कार भी पाता है और दर्शक भी। मैं अपने जाती अनुभव से बता सकती हूँ। जब तेहरान में एक टैक्सी ड्राइवर ईरानी सिनेमा में मेरी रुचि से खुश होकर मुझे ऐसी जगह ले गया जहाँ ज्यादातर प्रसिद्ध फिल्मकारों जैसे रकसान बानी इत्तेमाद और मोहसिन मखमलबफ के फिल्मों की प्रतियाँ उपलब्ध थीं, और खुद उन्हें निकालकर दिखाया।

वह कोई अपवाद नहीं था। हमारे होटल की खाना बनानेवाली महिलाओं और चौकीदार में, मेरी पसन्द को लेकर लम्बी-चौड़ी बहस हुई। और फ़िल्मकारों के शिल्प पर पर्याप्त टीका-टिप्पणी के बाद ही मामला तय हुआ।

जाहिर है, राष्ट्रीय एजेंडा से गाँवों के गुम होते चले जाने का जिम्मेदार मैं सिनेमा को तो नहीं ठहरा सकती, लेकिन मैं यह मानती हूँ कि उसने उस भारतीय प्रक्रिया को बढ़ाने में मदद तो की है।

इसी क्रम में मैं यह दिखाने की कोशिश करूँगी कि इस वजह से देश को आघात तो हुआ ही है, सिनेमा की भी बहुत हानि हुई है।

अगर आप थोड़ा-सा ध्यान दें तो यह बात आपको सही लगेगी कि दुनिया के सब बड़े शहर काफी हद तक एक से होते हैं। बाहर सीमेंट के जंगल और अन्दर वातानुकूलित आरामगाहें। थोड़ा बहुत स्थानीय मसाला हर

जगह मिलाया जाता है जैसे पुरानी हवेलियों से निकाले हुए किवाड़ और खिड़कियाँ पाँच सितारा होटलों में जड़ दी जाती हैं और कृषि के आम औजार एंटीक की तरह सजाए जाते हैं।

मेरा यह पक्के तौर पर मानना है कि सारी सांस्कृतिक पहचानों का रिश्ता गाँवों की मिट्टी से होता है। परिस्थितियों के अनुसार वह समूह अपने आपको कैसे ढालता है उसी से उसकी पहचान अलग हो जाती है—राजस्थान का मरुथल उसके वासियों को चटख रंगों के पहरावे देता है, केरल के समुद्र तटों की वजह से ही है वहाँ के विशिष्ट पकवान और हिमालय की तराई देती है बाँसुरी को मादक स्वर। बदली हुई परिस्थितियों में एक से सुखोपभोग के इन्तजाम केवल एकरसता ही देते हैं।

यह भी याद रखना आवश्यक होगा कि दी गई परिस्थितियों के अनुसार स्वयं को ढालने की योग्यता इनसान ने लाखों वर्षों के दौरान पाई है। यह योग्यता हमने हाल ही में पाई है कि अपनी सुविधाओं के अनुरूप हम अपने आस-पास अपनी स्थितियाँ बदल लें। हमारी जो पहली योग्यता है उसने हमें धरती के सबसे प्रभावी प्राणी के रूप में बनाए रखा, जबकि यह जो हमारी नई योग्यता है उसने न सिर्फ मानव के बल्कि इस पृथ्वी के अस्तित्व मात्र का ही संकट खड़ा कर दिया है।

यही विभाजन गाँव और शहर के सम्बन्धों में दिखता है। मैं अकसर अपने दोस्तों को यह याद दिलाती रहती हूँ कि महानगर गाँवों के बिना एक दिन नहीं चल सकते। ताजे फलों, सब्जियों, सस्ते मजदूरों की कल्पना कीजिए। पर गाँवों का काम इन महानगरों के बिना आराम से चल सकता है। हो सकता है कुछ तकनीकों का लाभ वे न उठा पाएँ, पर वैसे भी उन तक वे आसानी से कहाँ पहुँचती हैं।

यही बात कलात्मक अभिव्यक्ति और उद्यम के बारे में भी कही जा सकती है कि गाँव शहर के बिना रह सकता है लेकिन शहर नहीं।

यह ठीक है कि कला और सिनेमा शहरों में ही पाले-पोसे जाते हैं। लेकिन केवल वही कलाकार, जो जमीन से अपना रिश्ता जोड़ते हैं, जिनमें जड़ें गहरे तक जाती हैं, कला में आगे बढ़ते हैं और कला को आगे बढ़ाते

हैं। इसलिए मुझे लगता है कि भारतीय सिनेमा को ग्रामीण कहानियों और कथा-रूपों की ओर लौटना ही होगा—अगर उसको दुनिया में अपनी अलग पहचान बनानी है तो।

वर्ना, इसी तरह एक के बाद एक हॉलीवुड की हमशक्ल फिल्में बनाते रहने का दौर चलता रहेगा, और न ही हमें कूल्हा-मटकी, भौंडे कपड़ों से राहत मिलेगी। वैसे यह महज संयोग नहीं है कि हॉलीवुड (जिसके आधार पर हिन्दी फिल्म-इंडस्ट्री को बॉलीवुड कहा जाता है) ने अमरीका को सभ्यता के इतिहास में सबसे लालची, भोगवादी और युद्धोन्मत्त राष्ट्र बनने से रोकने में कोई भूमिका नहीं अदा की।

मैं एक फिल्म-निर्माता हूँ न कि फिल्म के सिद्धान्त गढ़नेवाली। फिर भी हिन्दी सिनेमा की दशा (दुर्दशा) के पीछे एक कारण साफ दिखता है—समरूपी (होमोजिनस) बाजार की जरूरत। एक ऐसी कहानी जो देश के किसी भी भाग पर थोपी जा सके। इसी वजह से एक खास पहचान रची गई है—गौर वर्ण, उत्तर भारतीय, ऊँची जाति और उच्च वर्ग के पितृसत्तात्मक परिवार की पहचान। जिसे खींचतान के 'अखिल भारतीय' के रूप में पेश किया जाता है।

यह फॉर्मूला मुनाफा कमाने का जरिया तो हो सकता है लेकिन कला का साधक नहीं और विविधता का तो बिलकुल नहीं।

सहजो सिंह, *दिल्ली में रहने वाली फिल्मकार, राष्ट्रीय-अंतरराष्ट्रीय पुरस्कारों से सम्मानित।*

आगे का रास्ता

तेरेस हेज़

'लगान' के बाद हिन्दी सिनेमा को लेकर पश्चिम के रुख में खासा बदलाव आया है। यह इस तथ्य के बावजूद हुआ कि आशुतोष गोवारिकर की इस फिल्म को अमेरिकी सिनेमाघरों में वैसी सफलता नहीं मिली जिसके वह लायक थी। अमेरिकी वितरकों को इस फिल्म को प्रदर्शन के एक हफ्ते के अन्दर ही वापस लेना पड़ा क्योंकि अमेरिकी सिनेमा के हिसाब से यह फिल्म काफी लंबी थी और इसलिए आर्थिक रूप से खास लाभप्रद नहीं थी। वहाँ साढ़े तीन-पौने चार घंटे की फिल्म नहीं दिखाई जा सकती क्योंकि इसका मतलब होता कि वे दिन के तीन शो की

बजाए दो ही शो दिखा पाते। लेकिन यह तथ्य है कि लगान ने हिन्दी-सिनेमा की विश्वव्यापी पहचान बनाई। वैसे, 2002 में सर्वाधिक कमाई करने वाली विदेशी फिल्मों में

'मौनसून वेडिंग' भी थी।

टर्नर क्लासिक मूवीज़ जून में 'हुर्रे फॉर बॉलीवुड' दिखाएगा जिसके मेजबान होंगे इस्माइल मर्चेंट। पहली बार एक अमेरिकन टेलीविजन चैनल 12 चुनिंदा भारतीय फिल्में दिखाएगा, जैसे *मदर इंडिया, शोले, प्यासा, बॉम्बे, दो बीघा ज़मीन, दिल चाहता है* आदि। इससे पहले ये फिल्में या तो फिल्म-समारोहों में दिखाई जाती थीं या विश्वविद्यालयों में। उन्हें हॉलीवुड की एक बहुत बड़ी कम्पनी ने खरीदा है। इससे पता चलता है कि अमेरिका में आखिरकार हिन्दी-सिनेमा को गम्भीरता से लिया जाने लगा है।

जब मैंने चार वर्ष पूर्व भारतीय सिनेमा पर कार्यक्रम की योजना बनाई, तो अहसास हुआ कि स्थानीय दर्शकों को विश्व के इस सबसे बड़े सिनेमा-उद्योग की कोई हवा ही नहीं है। पिछले साल पाम स्प्रिंग्स इंटरनेशनल फिल्म फेस्टिवल में जिस तरह से *मौनसून वेडिंग* और *लगान* को सराहना मिली वह काफी उत्साहप्रद रहा और उसने हिन्दी सिनेमा के प्रति काफी लोगों के नजरिए को बदला। इस साल तीन भारतीय फिल्में दर्शकों के पसंद के टॉप टेन में थीं (मणिरत्नम की *ए पेक ऑन द चीक, कभी खुशी कभी गम, मिस्टर एंड मिसेज अय्यर*)। अनवर जमाल की फिल्म 'स्वराज' 11वें स्थान पर रही। संजय लीला भंसाली की फिल्म 'देवदास' का भी अच्छा स्वागत हुआ और उससे सिद्ध होता है कि धीरे-धीरे हिन्दी व्यावसायिक सिनेमा भी अमेरिका में सफलता प्राप्त कर रहा है।

सबसे महत्त्वपूर्ण बात यह है कि केवल बड़ी व्यावसायिक फिल्में ही ध्यान आकर्षित नहीं कर रही हैं। अभिनेता-निर्देशक राहुल बोस की फिल्म *एवरीबडी सेज़ आइ एम फाइन,* जो शहरी युवाओं के बारे में अंग्रेजी भाषा की फिल्म थी, पाम स्प्रिंग्स में खासी सफल रही, जबकि वह व्यक्तिगत प्रयास ही कही जा सकती है। मेरे ख्याल से बोस जैसे लोग नए भारतीय सिनेमा की पहचान हैं। वह पश्चिम एवं भारत दोनों ही जगह सामान्य रूप से सहज

हैं। और सबसे बड़ी बात है कि उन्होंने बिना अपनी भारतीय पहचान को गँवाए यह सन्तुलन बनाया है।

भारतीय फिल्मकारों की एक नई पीढ़ी अपनी विश्वव्यापी पहचान का आभास देने लगी है। और इससे भारतीय सिनेमा विश्व स्तर पर मजबूत होगा। मैं ऐसा नहीं मानता, जैसा कुछ संशयवादी मानते हैं, कि यह आशावाद अतिशयोक्ति है। लेकिन ऐसा नहीं है। भारतीय सिनेमा सचमुच विश्वव्याषी हो रहा है।

सबसे महत्त्वपूर्ण है कि परस्पर-विरोधी किस्म की भारतीय फिल्में, जैसे—*लगान, मौनसून वेडिंग, बॉलीवुड हॉलीवुड, एवरीबडी सेज आय एम फाइन* जैसी फिल्में पिछले साल अमेरिका में व्यावसायिक रूप से प्रदर्शित हुईं। निश्चित तौर पर एक शुरुआत हो चुकी है। जबकि पहले अधिक-से-अधिक एक फिल्म को साल भर में अमेरिका में वितरक मिल पाता था।

लेकिन साथ ही इस प्रक्रिया को पूरी तरह से प्रभावी बनाने के लिए भारतीय फिल्मकारों, विशेषकर मुम्बइया फिल्मकारों को अपना रवैया बदलना होगा। सबसे पहले, उन्हें अपनी फिल्म को एक शेड्यूल में पूरा करना सीखना होगा। साथ ही उन्हें बढ़िया पटकथा, अभिनय और तकनीकी महत्ता को भी स्वीकार करना पड़ेगा।

विश्व-सिनेमा का कोई ऐसा फार्मूला नहीं होता, लेकिन भारतीय सिनेमा को विश्वस्तर पर सफल बनाने के लिए फिल्म-उद्योग में काफी बदलाव लाने होंगे। फिल्म की भाषा उतनी महत्त्वपूर्ण नहीं होती, लेकिन अगर अंग्रेजी भाषा में ज्यादा फिल्में बनें तो उसका लाभ मिलेगा। पर यह कोई आवश्यक नहीं जैसाकि 'क्राउचिंग टाइगर, हिडेन ड्रैगन' के मामले में देखा जा सकता है।

भारतीय फिल्मों की विश्वव्यापी स्वीकृति में सबसे बड़ी बाधा नाच-गाने के दृश्य हैं। ज्यादातर अमेरिकी, जिनके लिए मैं भारतीय फिल्मों के शो आयोजित करता रहता हूँ, गाने के दृश्य आने पर उन्हें आगे बढ़ाने के लिए कहने लगते हैं। पता नहीं क्यों जबकि पूरी फिल्म में अंग्रेजी सबटाइटल्स दिए जाते हैं, गानों में सबटाइटल्स नहीं दिए जाते। शायद उनका अनुवाद मुश्किल होता हो। पर अगर उनके सबटाइटल्स दिए भी जाएँ तो भी इससे इनकार नहीं किया जा सकता कि गाने फिल्म की कथात्मकता में बाधा पहुँचाते हैं।

अमेरिकी किस प्रकार की फिल्में पसंद करते हैं? यह एक मुश्किल सवाल है, लेकिन इसका विश्लेषण रोचक रहेगा कि बुद्धदेव दासगुप्ता की बांग्ला फिल्म 'मोंडो मेयर उपाख्यान' पाम स्प्रिंग्स फेस्टिवल में क्यों नहीं चल पायी। एक तरह से, यह एक यूरोपीय फिल्म है। अमेरिकी प्रतीकात्मकता को पसन्द नहीं करते, वे वैसी फिल्मों को पसन्द नहीं करते जो घटनाप्रधान नहीं होतीं।

लेकिन चीजें बदल रही हैं। अमेरिकी अखबारों-पत्रिकाओं में भारतीय फिल्मों की समीक्षाएँ अधिक छपने लगी हैं। और ऐसा नहीं है कि यह 'काँटे' जैसी बड़ी बजट की फिल्मों के मामले में ही हो रहा हो। 'अग्निवर्षा' जैसी फिल्मों की समीक्षाओं को भी पर्याप्त जगह दी जा रही है। 'अग्निवर्षा' वैसे दर्शकों के लिए एक कठिन फिल्म है जो भारतीय मिथकों से पर्याप्त परिचित न हों, पर अमेरिकियों को इसकी भव्यता पसंद आयी।

अगर ईरानी और चीनी फिल्में वैश्विक रूप से बढ़िया कर रही हैं, तो इसका कारण है कि उनका प्रचार-प्रसार आधिकारिक चैनलों द्वारा जबरदस्त ढंग से किया जा रहा है। इन देशों के फिल्म कमीशन वैसे

फिल्मकारों की पर्याप्त मदद भी करते हैं जिनकी अन्तर्राष्ट्रीय रूप से सफल होने की थोड़ी भी उम्मीद होती है। भारतीय फिल्मों के साथ ऐसा कुछ भी नहीं हुआ है। उन्हें इस दिशा में कुछ करना चाहिए।

उदाहरण के लिए, 'लगान' के ऑस्कर के मामले में कोई आधिकारिक समर्थन नहीं था। सिवाय इसके कि लॉस एंजेल्स में दूतावास की ओर से पार्टी दी गयी, आधिकारिक रूप से कोई सहयोग देखने में नहीं आया। यहाँ याद रखना चाहिए कि हॉलीवुड स्टुडियो अपने फिल्मों के प्रचार-प्रसार में कोई कसर नहीं छोड़ते। औसतन, वहाँ के स्टुडियो इस तरह की फिल्मों पर आमतौर पर 15 मिलियन डॉलर खर्च करते हैं। इससे कम पैसे में संभवतः एक पूरी फिल्म का निर्माण किया जा सकता है।

सफलता से बड़ी कोई चीज़ नहीं होती। अगर आज शेखर कपूर का इतना बड़ा नाम है, तो उसका कारण है कि फिल्म 'बैंडिट क्वीन' से उन्हें विश्वव्यापी सफलता मिली थी। अगर उन्होंने 'बैंडिट क्वीन' नहीं बनाई होती तो क्या 'एलिज़ाबेथ' जैसी फिल्म के निर्देशन का काम उन्हें मिल सकता था? यह एक ऐसी चीज़ है जिसे विश्वव्यापी सफलता के आकांक्षी भारतीय फिल्मकारों को ध्यान रखना चाहिए। आप तब तक कुछ नहीं हासिल कर सकते जब तक कि आप देखनेवालों को बैठने के लिए और फिल्म देखने के लिए बाध्य न कर दें। शेखर कपूर ने ऐसा किया और आज वे मजबूत स्थिति में हैं।

तेरेस हेज़, पामस्प्रिंग में रहने वाली फिल्म पत्रकार
(लेखिका लॉस एंजेल्स में रहती हैं और भारतीय फिल्मों की प्रोग्रामर हैं)

MEHBOOB PRODUCTIONS PRIVATE LTD. PRESENT
NARGIS · SUNIL DUTT · RAJENDRA KUMAR · RAAJ KUMAR
MOTHER INDIA
TECHNICOLOR
मदर इंडिया
DIRECTED BY
MEHBOOB
NAUSHAD

कहाँ है ये बॉलीवुड

लिज़ा ज़्येरिंग

आप अपने बॉलीवुड को किस तरह देखते हैं? पुराना बॉलीवुड, जिसमें एक थुलथुल नायिका सारंगी-संगीत के पेड़ के इर्द-गिर्द नाचती होती थी? या फिर हेलिकॉप्टर से उतरता, अरमानी सूट पहने, चुस्त-दुरुस्त, या अपनी सुविधापूर्ण गाड़ी में सिडनी या एम्सटर्डम में भागता हीरो? या फिर ताज़ातरीन है अमेरिकन फिल्म निर्माताओं द्वारा बॉलीवुड की हल्की-फुल्की फिल्म का अमेरिकी मिला-जुला संस्करण (डेजी वॉन शलेर मेयर की कॉमेडी 'द गुरु') या फिर उत्तर-औपनिवेशिक ब्रिटिश नज़रों से बॉलीवुड की झाँकी, जैसा कि एंड्रयू लॉयड बेवर और ए.आर.रहमान द्वारा तैयार किया मनोरंजक स्टेज शो 'बॉम्बे ड्रीम्स' या दो संस्कृतियों के संगम से बनी प्रेम कहानी 'बॉलीवुड क्वीन।'

चाहे मैडिसन एवेन्यू हो या मुख्यधारा सिनेमा या टीवी, बॉलीवुड चाह की तरह हर जगह मौजूद मिलता है, यहाँ तक कि कुछ अमरीकी भी भारतीय फिल्म देख चुके हैं। इसके कुछ पक्के प्रशंसक कहेंगे कि इसके साथ छेड़छाड़ वैसा ही कड़वा स्वाद देता है जैसा कि सोया दूध

में जगीहरी मोचा चाय, लेकिन नई पीढ़ी के उन भारतीय फिल्मकारों के कई प्रशंसक भी मिल जाएँगे जिन्होंने बॉलीवुड के फॉर्मूले का विस्तार किया और आकर्षक परिणाम पाए। ठीक है, वहाँ नाच-गान भी है। शुक्र है। लेकिन 'काँटें', जो सीधे-सादे जबरदस्त संगीतमय 'रिजखॉयर डॉग्स' की नकल है, और दीपा मेहता की कनाडा में बनी कॉमेडी 'बॉलीवुड हॉलीवुड' आदर्श पात्रों और मसाला फॉर्मूले के मिश्रण को नए ढंग से तैयार करने की कोशिश हैं।

विलार्ड कैरोल (प्लेइंग बाई हार्ट) में भारतीय सुपरस्टार सलमान खान को दस लाख मिलियन डॉलर के संगीतमय 'मेरी गोल्ड' के लिए अनुबन्धित किया है, जिसमें एक अनाम अमेरिकी अभिनेत्री भी काम कर रही है और जिसके संगीत को ट्रुथ हर्ट्स और भारतीय संगीतकारों शंकर/एहसान/लॉय की जोड़ी ने तैयार किया है। मशहूर ब्रिटिश फिल्म 'बेंड इट लाइक बेकहम' की निर्देशित गुरिंदर चड्ढा ने हाल ही में घोषणा की है कि उन्होंने स्क्रीन-सुन्दरी ऐश्वर्या राय को 'प्राइड एण्ड प्रेज्युडिस' के संगीतमय संस्करण के लिए साइन किया।

यहाँ तक कि सीधे हॉलीवुड में बनी फिल्मों 'मॉलीन रूज़' और 'शिकागो' में संगीतमय फिल्म बनाने का उत्साह दिखता है। भारत से बाहर रह रहे भारतीयों को ध्यान में रखकर फिल्म बनाने का दौर चल पड़ा है। उनको ध्यान में रखकर आतंकवाद, ग्रामीण जल-समस्या, औरतों की स्थिति जैसे विषय आज़माए जा रहे हैं। 2003 में भारत की नई-पुरानी अच्छी फिल्में सन फ्रांसिस्को, शिकागो, लॉस एंजेल्स, टोरंटो एवं अन्य कई स्थानों के फिल्म फेस्टिवल में दिखाई गईं। द पाम स्प्रिंग्स इण्टरनेशनल फिल्म फेस्टिवल, जो बीस जनवरी को समाप्त हुआ, में कम-से-कम बारह महत्त्वपूर्ण भारतीय फिल्में दिखाई गईं, जबकि सन फ्रांसिस्को इंटरनेशनल एशियन-अमेरिकन फिल्म फेस्टिवल में तकरीबन बीस फिल्में दिखाई गईं, जिसमें 'बेंड इट लाक बेकहम' का अमेरिका में प्रीमियर (न्यूयार्क और लॉस एंजेल्स में 12 मार्च को प्रदर्शित) भी शामिल है। सब टाइटल्स के साथ डी वी डी मिल जाते हैं। ऐसे में यह कहा जा सकता है कि यह विश्व सिनेमा के सबसे गुप्त सीमान्तों के अन्वेषण का सुनहरा अवसर है।

पिछले साल, 'मानसून वेडिंग' की सफलता जोकि निर्देशिका मीरा नायर के अनुसार अपनी शर्तों पर बनाई गई बॉलीवुड फिल्म है। और जबरदस्त संगीतमय फिल्म 'लगान' के ऑस्कर नामांकन के बाद, हालाँकि कुछ जल्दी में ही, यह घोषणा की जाने लगी कि भारतीय सिनेमा का अमेरिका में आगमन हो चुका है। लेकिन ज्यादातर हिस्सों में उनके प्रशंसकों की संख्या थोड़ी है। और कुछ स्वघोषित फिल्म-विशेषज्ञ जिनका बॉलीवुड सम्बन्धी ज्ञान अफसोसजनक ढंग से कुछ खास नहीं दिखता।

ऐसा क्यों है कि विश्व का सबसे बड़ा, शोर-शराबेवाला और रंग-बिरंगा मनोरंजन अभी तक अमरीकी मुख्यधारा की चेतना का हिस्सा नहीं बन पाया है?

मैंने जितने लोगों से पूछा ज्यादातर ने कहा—मार्केटिंग। 'मेरे ख्याल से मार्केटिंग और वितरण काफी व्यावसायिक ढंग से नहीं हो पाता।' साठ साल के सुपर स्टार अमिताभ बच्चन के शब्द थे। अमिताभ बच्चन अन्तर्राष्ट्रीय भारतीय फिल्म एकेडेमी पुरस्कार के प्रधान भी हैं, जो हर वर्ष एक नए अन्तर्राष्ट्रीय स्थल पर होता है। 'काश अमरीकी अनुशासन और मैनेजमेंट के दर्शन का थोड़ा-बहुत भारत जा पाता।' बच्चन ने कहा कि कहते हैं, 'हमारे देश में दुनियाभर से अधिक फिल्में बनती हैं और अपनी पहुँच के कारण हमारे स्टार तो अपनी लोकप्रियता में कई हॉलीवुड स्टारों से भी आगे ठहरते हैं।'

वैसे कभी-कभी भारतीय फिल्मकारों ने आश्चर्यजनक सफलता पाई। पिछले वर्ष, 'कभी खुशी कभी ग़म' ने अपने शुरुआती सप्ताहांत में अमेरिका में केवल 73 प्रदर्शनों में ही एक मिलियन डॉलर का आँकड़ा पार किया। यह किसी भी भारतीय फिल्म की वहाँ सबसे बड़ी दर्ज की गई सफलता थी, लेकिन उसके निर्माता उसके आँकड़े ठीक समय पर अधिकारियों को नहीं बता पाए और फिल्म यू.एस.टॉप टेन में आने और अन्तर्राष्ट्रीय खबर बनने से रह गई।

एक और मुख्यधारा हिन्दी सिनेमा जिसका हाल ही में अमेरिका में प्रदर्शन हुआ है—*जिस्म*। ठीक है, फिल्मकार-कलाकार सब अंग्रेजी बोलते हैं

(पर कुछ खास नहीं)।

आप्रवासी भारतीयों को ध्यान में रखकर निकाली जानेवाली पत्र-पत्रिकाओं के अलावा बॉलीवुड सिनेमा का प्रचार-प्रसार शायद ही बाकी अमरीकियों में होता हो। फिर नकली वीडियो, सीडी की समस्या। माफिया से सम्बन्ध-'काँटे' के हीरो संजय दत्त तो हथियार रखने के आरोप में काफी कुछ भुगत चुके हैं की समस्या भी है फिर मुम्बइया फिल्म-इंडस्ट्री में अनुशासन की कमी के भी अपने किस्से हैं, भारतीय फिल्म स्टार घण्टों देर से शूटिंग पर आते हैं या बिना स्क्रिप्ट के ही फिल्म की शूटिंग हो जाती है। इंडस्ट्री के बड़े कलाकार 'नई खोज' के नाम पर भाई-भतीजों, भांजियों, बेटियों को ही पेश करते रहते हैं जो एक फिल्म के बाद ही गायब हो जाते हैं।

हालाँकि अपनी तमाम कमियों के बावजूद बॉलीवुड का अपना अन्तर्राष्ट्रीय बाजार है। यह कहना कोई अतिशयोक्ति नहीं है कि दुनियाभर में एक अरब से भी ज्यादा लोग टॉम क्रूज़ कैमेरान डियाज़ से ज्यादा महत्त्व शाहरुख खान और ऐश्वर्या राय को देते हैं, उन्हें जानते-पहचानते हैं। महान कला न सही पर भारत में और आप्रवासी भारतीयों में बॉलीवुड सिनेमा को जनता छाप मनोरंजन का नमूना माना जाता है। जबकि अमेरिका में 'लगान' और 'कांटे' जैसी फिल्में उच्चवर्गीय लोग ही देखना चाहते हैं।

वैसे बॉलीवुड सिनेमा है क्या? अकसर इसे गलत समझा जाता है इसलिए इसकी कुछ बुनियादी विशेषताएँ ये हैं।

बॉलीवुड मुम्बई और हॉलीवुड के मिश्रण से बनी संज्ञा है। जिस प्रकार लॉस एंजेल्स के उपनगरों में दर्जनों फिल्म स्टुडियो फैले हुए हैं, उसी प्रकार आधुनिक बम्बई (अब मुम्बई) में भी है। जहाँ देश भर से लाखों लोग अपना भाग्य आज़माने आते हैं।

जर्जर फिल्मिस्तान स्टुडियो में तरह-तरह की कला आदि के इन्तजाम वाले दिख जाएँगे जिनकी सेवा में चायवाले गीत-संगीत, विवाह-दृश्य, ऐतिहासिक युद्धों में शामिल हजारों कलाकार आदि के दृश्य बड़े पैमाने पर मिल जाएँगे।

पारिश्रमिक कम देना पड़ता है, भयंकर गर्मी में दर्जनों मेकअप कलाकार एक-एक डांस सीन के लिए तैयार रहते हैं और मैंने कई 'स्टारों' को मशीनगन के साए में चलते देखा या एक ऐसा सहायक जिसका काम है छह फुट लम्बे बिजली के पंखे को एक स्थान से दूसरे स्थान पर ले जाना, जिसका तार बेहद-बेहद लम्बा होता है।

बॉलीवुड फिल्मों को अकसर मसाला फिल्म भी कहा जाता है क्योंकि मसाले की तरह ही उसमें कई चीज़ों का मिश्रण होता है—रोमांस, एक्शन, मार-धाड़, मेलोड्रामा और विशेषकर संगीत। वे अकसर तीन घण्टे लम्बी होती हैं, पर उन्हें इण्टरवल के साथ दिखाया जाता है। कई भारतीय सिनेमाघरों में, यहाँ तक कि अमेरिका में भी, गरम समोसे के साथ चाय पिलाई जाती है ताकि आपकी ताकत बनी रहे।

संगीतकार डैनी एल्फमैन (स्पाइडर मैन एवं अन्य अनन्त फिल्में) और लम्बे अरसे से उनके साथ करनेवाले निर्देशक, टिम बर्टन (बैटमैन, प्लेनेट ऑफ द एप्स) इसके बड़े फैन हैं। 'मैं यहाँ के लोगों को बॉलीवुड फिल्म के बारे में जब समझाता हूँ तो कहता हूँ कि वह पूरी शाम का मनोरंजन होता है।' एल्फमैन मालिबू स्टुडियो से फोन पर बताते हैं। यह एक घटना है। टिम ने बॉलीवुड स्टाइल की एक फिल्म बनाने में रुचि दिखाई है, अगर वे बनाते हैं, मुझे उसका संगीत करने में खुशी होगी।

संगीत बॉलीवुड फिल्म की चाबी होती है। पंजाबी लोक-धुन से लेकर टेक्नो, या ग़ज़ल, शास्त्रीय धुन कुछ भी हो सकते हैं। गाने अकसर कानफाड़ू होते हैं, लम्बे होते हैं और उसका मज़ा लेने के लिए जरूरी नहीं कि सुननेवाले को हिन्दी आती हो। हीरो-हीरोइन पार्श्वगायक की आवाज़ से आवाज़ मिलाते हुए फिल्मिस्तान, ट्रफलगार स्क्वैयर या स्विस आल्प्स की पृष्ठभूमि में दर्जनों कपड़े बदलते रहते हैं।

बॉलीवुड के सारे स्टार नाचना जानते हैं इसलिए तरह-तरह के कपड़े नायिकाओं को पहनाए जाते हैं।

सेक्स के दृश्यों को हिन्दी सिनेमा में अच्छा नहीं माना जाता, पर नाच-गान चाहे जितना उत्तेजक हो सकता है। बॉलीवुड के नृत्य-निर्देशक

उत्तेजना भड़काने के लिए माहिर माने जाते हैं। भीगी साड़ी, कमर मटकाऊपन, आतुर छातियाँ और होठों को छोड़कर बाकी जगहों पर लिए गए छोटे-छोटे चुम्बन—गले पर, नाभि पर, टखनों पर या हथेली पर। हाल के सबसे सेक्सी नृत्यों में जो याद आता है वह है 'कभी खुशी कभी गम' में शाहरुख खान और काजोल का गीज़ा के महान पिरामिड के सामने किया गया नृत्य। शाहरुख ने हल्के से काजोल की कलाई की एक चूड़ी पर टहोका लगाया और मेरी तो जान निकल गई।

मुझे बॉलीवुड फिल्म में सबसे अच्छा नाच-गाने के दृश्य लगते हैं। लेकिन अगर आप कुछ पुराने ढंग के हैं जो यह चाहते हों कि यह सब कुछ एक सुन्दर कहानी के माध्यम से कहा जाए तो उसे देखें; अड़ियल बाप अपने बेटे को घर से निकाल देता है जब वह उसकी पसन्द के मुताबिक शादी करने से मना कर देता है। वह लड़का और उसका भाई। अपनी-अपनी प्रेमिकाओं सहित आँसू भरे आखिरी गाने के दृश्य में पूरे परिवार को एक कर देता है। कभी खुशी कभी गम। हाँ, यही फिल्म है जिसमें शाहरुख हेलिकॉप्टर से एण्ट्री लेता है।

या यह प्लॉट जो 2001 के हिट 'कहो ना प्यार है' का है : लड़की हँसमुख उभरते हुए गायक से मिलती है और उसके प्यार में पड़ जाती है। गुण्डे गायक को मार देते हैं। अपने दुख से उबरने के क्रम में लड़की ऑस्ट्रेलिया जाती है जहाँ उसकी मुलाकात अपने पुराने प्रेमी के हमशक्ल से होती है, वह खूबसूरत गठीला जवान है उसके साथ भारत वापस जाता है और उसके पहले प्रेमी की हत्या का बदला लेता है।

1994 के जबरदस्त हिट 'हम आपके हैं कौन?' एक संयोग जनित प्रेम कहानी है, जो परम्परागत प्रेम-कहानी के बीच घटती है, जिसमें कुल तेरह गाने हैं।

मुम्बई के मनोरंजन व्यवसाय सम्बन्धी भारत सरकार द्वारा प्रकाशित एक वार्षिक अध्ययन के मुताबिक भारत में 1000 से भी ज्यादा फिल्में हर साल रिलीज होती हैं। इनमें ज्यादातर हिन्दी फिल्में होती हैं पर काफी संख्या तमिल, तेलुगु एवं अन्य भारतीय भाषाओं की फिल्मों की होती है। लगभग

सारी व्यावसायिक मुख्यधारा फिल्में संगीतमय होती हैं।

ऊँचे लागत मूल्य और हिन्दी फिल्मों के हीरो-हीरोइन की स्टार-शक्ति के कारण भारतीय मनोरंजन में बॉलीवुड का दबदबा रहा है। हालाँकि बहुत कम फिल्मों में विदेशी बाजार के लिए सब टाइटल्स लगाए जाते हैं (कम से कम डी वी डी रिलीज तक), उनके गीतों और स्टारों का जादू ऐसा है कि बॉलीवुड सिनेमा के अभारतीय फैन आपको मध्य-पूर्व, दक्षिणपूर्व एशिया, चीन, रूस, जापान, ब्रिटेन, उत्तरी अफ्रीका तक में मिल जाएँगे।

इस साल की सबसे खूबसूरत बॉलीवुड फिल्म 'देवदास' है। 12 मिलियन के बजट से बनी यह फिल्म भारत की अब तक की सबसे महँगी फिल्म है, जो भारत की ओर से ऑस्कर के लिए भी भेजी गई। टाइम के रिचर्ड कॉटलिस ने इस फिल्म के सुन्दर दृश्यों को पसन्द किया है। इतना ज्यादा पसन्द किया कि इस साल के दस सर्वश्रेष्ठ फिल्मों में उसे चौथा स्थान दिया।

'देवदास' में शाहरुख खान और ऐश्वर्या राय की दुखद प्रेम-कहानी है और बीच में एक तवायफ माधुरी दीक्षित है। पाम स्प्रिंग्स इण्टरनेशनल फिल्म फेस्टिवल के विशेष 'बॉलीवुड हॉलीवुड' में 12 जनवरी को 'देवदास' को भव्यता से दिखाया गया जिसमें माधुरी दीक्षित भी उपस्थित थीं।

पाम स्प्रिंग्स फेस्टिवल में पिछले साल की बारह चुनी हुई फिल्में दिखाई गईं, जिनमें ज्यादातर अब डी वी डी पर उपलब्ध हैं। चुनी गई फिल्मों में मुम्बई के बार-गर्ल्स के जीवन पर बनी फिल्म 'चाँदनी बार', 'कभी खुशी कभी गम', 'दिल चाहता है', जिसमें एक नए ढंग के सिनेमा की बुनियाद रखी है तथा नाच-गाने के दृश्यों को शहरी युवाओं के जीवन और मुद्दों से जोड़कर दिखाया गया है ('लगान' के धोतीवाले आमिर खान यहाँ आधुनिक शहरी बने हैं), थीं।

इस साल की एक और बेहतरीन फिल्म है, एक्टिविस्ट फिल्मकार पति-पत्नी अनवर जमाल और सहजो सिंह की फिल्म 'स्वराज', जिसमें राजस्थान के नीची-जाति के चार औरतों की पानी के अधिकार के लिए लड़ाई है जो कि सरकारी तन्त्र के खिलाफ लड़नेवालों के रूपक में बदल जाता

है। एक और फिल्म, जो पाम स्प्रिंग्स में दिखाई गई और जो पहले ही सितम्बर में टोरंटो में काफी प्रभावित कर चुकी थी, वह थी 'ए टेल ऑफ ए नॉटी गर्ल।' फिल्म बुद्धदेव दास गुप्ता की है, एक ऐसी लड़की की खट्टी-मीठी कहानी जो अपनी माँ की मनाही के बावजूद शिक्षा प्राप्त करती है। उसकी वेश्या माँ को वेश्यावृत्ति में ज्यादा पैसा दिखता है। दक्षिण भारतीय फिल्मकार मणिरत्नम का सम्मान किया गया; साथ ही, कुछ अच्छी नई अंग्रेजी फिल्मों का भी प्रदर्शन हुआ, जैसे, 'मिस्टर एण्ड मिसेज अय्यर' और 'एबरीवडी सेज आय एम फाइन।'

एक और फेस्टिवल जिसकी नज़र सत्यजित रे से आगे जाती है वह है सनफ्रांसिस्को इण्टरनेशनल एशियन अमेरिकन फिल्म फेस्टिवल। इस साल मार्च 6 से 16 मार्च तक इसका प्रदर्शन हुआ। इसमें भारतीयता की प्रधानता है। इसमें 'बेंड इट लाइक बेकहम' जैसी फिल्म, 'बॉलीवुड बाउण्ड' एक डॉक्यूमेण्ट्री 'म्यूटिनी', ब्रिटिश भारतीय बैण्डों और उन डीजे पर एक फिल्म जिन्होंने क्लब म्यूजिक को बदल दिया (डीजे रेखा के साथ, जिसने बेसमेंट भाँगड़ा की स्थापना की)। साथ ही, दो बॉलीवुड क्लासिक भी दिखाई गईं—'कुछ-कुछ होता है' और ऑस्कर नामांकित 1957 की अमर फिल्म 'मदर इण्डिया।' इस साल शिकागो के अन्य फेस्टिवल में 50-60 के दशकों की बॉलीवुड-क्लासिक दिखाई जाएँगी।

भारतीय फिल्में तेजी से बदल रही हैं, और इस लिहाज से 2003 को उसका सर्वश्रेष्ठ वर्ष माना जा सकता है। मैं व्यावसायिक सफलता के बारे में तो नहीं कह सकती, न ही यह कह सकती कि आप उसकी बलखाती नायिकाओं के चंगुल में आ जाएँगे, या फुर्तीले नायकों और नाच-गानों में आ जाएँगे। लेकिन आप अगर अभी भी ये सोचते थे कि भारत केवल योगा या सितार है तो आप सचमुच आश्चर्यचकित रह जाएँगे।

लिजा सेरिंग, *लॉस एंजेल्स में अवस्थित, इंडिया वेस्ट की इंटरटेनमेंट संपादक*

हॉलीवुड की नकल

सैबल चटर्जी

भारत में बड़े शहरों की यह सच्चाई है, वहाँ हॉलीवुड फिल्में ठीक-ठाक चल जाती हैं। लेकिन कुल मिलाकर अमेरिका में रिलीज फिल्मों का भारतीय बाजार में हिस्सा लगभग पाँच प्रतिशत है। इसके विपरीत जापान, जर्मनी और फ्रांस जैसे देशों में हॉलीवुड की फिल्मों का अच्छा-खासा दबदबा

है। भारतीय बाजार में हॉलीवुड को हाशिए पर ही रखने में बॉलीवुड की सफलता का रहस्य क्या है?

पश्चिम के प्लाट का हिन्दी सिनेमा, और भारतीय सिनेमा में पिछले वर्षों में खुलकर इस्तेमाल होता रहा है। भारत में इतनी भाषाएँ बोली जाती हैं और दर्शकों के इतने वर्ग हैं कि विदेशी कथानकों को भारतीय कथाओं में ढालने की प्रक्रिया लगभग अवश्यम्भावी कही जा सकती है। तलाश विविधता की रही है, और उसके अन्तर्गत जो भी चीज आती है उसे तुरन्त अपने अनुरूप ढाल लिया जाता है। लेकिन मुम्बई का फिल्म-उद्योग सम्भवतः अपनी सुरक्षा की रणनीति के तहत कुल मिलाकर आज़माए जा चुके कथानकों पर ही भरोसा करता है।

दुर्भाग्यपूर्ण ढंग से 'फॉर्मूलों' पर अत्यधिक निर्भरता को ही लोकप्रिय सिनेमा अकसर अमेरिकी 'ब्लॉकबॉस्टर' सिनेमा के आक्रमण के खिलाफ अपना कवच बनाता रहा है। वैसे तो हॉलीवुड में बनी फिल्मों का दुनियाभर के सिनेमा बाजार पर दबदबा रहा है, पर भारतीय सिनेमा-बाजार में दबदबा बनाना तो दूर, मुम्बइया व्यावसायिक सिनेमा के दर्शकों पर जादू की बराबरी करने में असफल रहा है।

दिल चाहता है

भारत में हॉलीवुड की व्यापार-सम्भावनाओं की सही-सही उम्मीद को भी मुम्बइया फिल्मकारों की निर्लज्जता ने समाप्त कर दिया। वे फिल्मकार विश्व स्तर पर आज़माए जा चुके विषयों को अपना बनाते रहे यानी उन्हीं हॉलीवुड फिल्मों के भारतीय संस्करण बनाते रहे। हालाँकि ये मुम्बइया निर्माता-निर्देशक भारतीय दर्शकों के लिए खासतौर पर डब की गई हॉलीवुड की फिल्मों की वैसे तो आलोचना करते हैं। पर दुनिया के मनोरंजन व्यवसाय की राजधानी में बनी फिल्मों के बेहतर हिस्से चुराने में उन्हें जरा भी संकोच नहीं होता।

पाश्चात्य साहित्य (गंभीर और लोकप्रिय) और सिनेमा (विशेषकर, हॉलीवुड, कभी-कभार यूरोपीय सिनेमा भी) से हिन्दी-सिनेमा के प्रभावित होने की परम्परा काफी पुरानी रही है, पर मुम्बइया सिनेमा के सन्दर्भ में पिछले दो दशकों में यह प्रक्रिया काफी बढ़ी है और पिछले पाँच वर्षों में तो वह सबसे उठान पर रही है।

2000 ई. के आखिरी दिनों से अगर देखें तो इतनी बड़ी संख्या में हॉलीवुड से प्रभावित फिल्में हिन्दी में कभी नहीं प्रदर्शित हुईं। *चैम्पियन, राजू चाचा* (दोनों 2000 ई.) *फर्ज़, अजनबी, अक्स* और *क्योंकि...मैं झूठ नहीं बोलता, कसूर* (ई. 2001), *दीवानगी* और *हमराज़* (2002 ई.), *जिस्म* और *कुछ तो है* (2002) पर किसी एक फिल्म (वैसे उस पर स्टीवन स्पिलबर्ग की फिल्म (डुएल) का प्रभाव साफ झलकता है) का प्रभाव ही नहीं, बल्कि 'सड़क सिनेमा' (रोड मूवी) की शैली का प्रभाव भी दिखता है।

इनमें से कोई भी फिल्म असल फिल्म की हू-ब-हू नकल नहीं होती, उसमें भारतीय दर्शकों की विभिन्नता का पर्याप्त ध्यान रखा जाता है, लेकिन इन फिल्मों की पटकथा पर किसी न किसी अमेरिकी फिल्म का प्रभाव झलकता है।

उदाहरण के लिए राजू चाचा पर 1965 की संगीतमय फिल्म *द साउंड ऑफ म्यूजिक* का प्रभाव झलकता है, *जिस्म* में 1990 की फिल्म *होम अलोन* की छोंक लगाई गई है। गोविन्दा की फिल्म 'क्योंकि...मैं झूठ नहीं बोलता' में गोविन्दा की भूमिका पर फिल्म *लायर लायर* में जिम कैरे की भूमिका का प्रभाव झलकता है। पत्नी बदलने की पटकथा के इर्द-गिर्द बुनी गई हत्या की गुत्थीवाली फिल्म *अजनबी* की कहानी हॉलीवुड-फिल्म *कंसेंटिंग एडल्ट्स* से उड़ाई गई है, पर उसका आवश्यक भारतीयकरण भी किया गया है।

सन्नी देओल की फिल्में *चैम्पियन* और *फर्ज़* भी हालिया हॉलीवुड फिल्मों से प्रभावित रही हैं। *चैम्पियन* की मूल कथा *मरक्यूरी राइजिंग* (1998) पर आधारित है। ब्रूस विलिस ने उसमें एफ.बी.आई. एजेंट की भूमिका निभाई है, जिसे 9 वर्ष के उस बच्चे को हत्यारों से बचाने की जिम्मेदारी सौंपी गई है जिसके पास सरकार का अति गुप्त कोड है। दूसरी ओर, *फर्ज़* के दो चरित्रों पर रिचर्ड डोनर की फिल्म *लेथल वीपन* (1987) का प्रभाव है, विद्रोही पुलिस अफसर सन्नी देओल और सुस्त पुलिस अफसर ओमपुरी के चरित्र पर।

2002 में बनी अब्बास-मस्तान की फिल्म *ए परफेक्ट मर्डर* का रूपान्तरण थी। इस फिल्म में दो महत्वाकांक्षी डांसर्स की कहानी है (अक्षय खन्ना-अमिषा पटेल), जो जहाज-उद्योग के बादशाह (बॉबी देओल) की लाखों की सम्पत्ति

हड़पने के लिए प्रेमजाल फेंकते हैं। अनीस बज़्मी की फिल्म *दीवानगी*, जिसमें अजय देवगन, अक्षय खन्ना, उर्मिला मातोंडकर की मुख्य भूमिकाएँ हैं, *प्राइमल फियर* की नकल है, जिसमें नायिका अपने प्रेमी को हत्या के आरोप से बचाने के लिए एक बड़े वकील को अनुबन्धित करती है। साफ-साफ नकल होने के बावजूद दोनों फिल्मों को थोड़ी-बहुत सराहना मिली।

हिन्दी फिल्में आमतौर पर एक से ज्यादा हॉलीवुड फिल्मों से प्रभावित होती हैं, जैसे *अक्स*। इस पराभौतिक थ्रिलर का निर्देशन विज्ञापन फिल्म बनानेवाले रोकेश ओमप्रकाश मेहरा ने किया था। फिल्म बिलकुल मुंबइया अन्दाज में बनाई गई थी और जिसमें अमिताभ बच्चन की यादगार भूमिका थी।

प्रीति जिन्टा

सचमुच पिछले दो-तीन वर्षों में बनी अच्छी-खासी हिन्दी फिल्मों पर हॉलीवुड-हिट फिल्मों का प्रभाव रहा है। 1990 के दशक के आखिरी कुछ वर्षों में उभरे निर्देशकों तनुजा चन्द्रा, विक्रम भट्ट, राज कँवर, अब्बास-मस्तान, मंसूर खान, संजय गुप्ता आदि ने 1980 के दशक के अपने अग्रज निर्देशकों महेश भट्ट, राकेश रोशन और राज एन. सिप्पी की परम्परा को ही आगे बढ़ाया यानि शायद ही हॉलीवुड की फिल्मों की नकल छोड़कर कुछ असल बनाया।

आश्चर्यजनक रूप से 2001 में हॉलीवुड प्रभावित फिल्में सबसे ज्यादा बनीं। विक्रम भट्ट की फिल्म कसूर रिचर्ड मर्कवां की थ्रिलर 'जैग्ड एज़' (1985) का रूपान्तरण थी और रजत

मुखर्जी की फिल्म 'प्यार तूने क्या किया' एड्रियनली की फिल्म *फेटल अट्रैक्शन* (1987) का रूपान्तरण थी और जिनको मिली-जुली सफलता मिली, अक्स, इस तरह की ज्यादातर फिल्मों की तरह बॉक्स-ऑफिस को प्रभावित करने में असफल रही।

2002 में भी यह परम्परा चलती रही। इस साल भी कई व्यावसायिक फिल्में इस तरह से चुराई गई विषयों पर बनीं। डेविड धवन ने रॉबर्ट डी नीरो-बिली क्रिस्टल की कॉमेडी *अनलाइज़ दिस* (1999) का रीमेक बनाया। इस फिल्म में संजय दत्त एक छँटा हुआ अपराधी है और अमिताभ बच्चन ने उसके मनोविश्लेषक की भूमिका निभाई है।

इसके अलावा, संजय दत्त की फिल्म *कांटे* क्वेंटिन तरन्तिनो की बेहद हिंसक फिल्म *रिजर्वायर डॉग्स* (1992) की नकल थी, जिसमें अमिताभ बच्चन के साथ संजय दत्त, महेश मांजरेकर ने भी भूमिका निभाई थी। फिल्म की कहानी काफी कुछ मुम्बइया है : ठगों का एक गिरोह हीरों की ठगी में शामिल है और पुलिस उनकी खोज में है। साफ है कि उनमें कोई अपने साथियों पर खुफियागीरी कर रहा है, कहानी में फ्लैशबैक के सहारे जो कुछ उद्घाटित होता है वह उतना ही खूनी है जितना दुखद। लेकिन यह सब मूल फिल्म में था। क्या नकल करके बनाई गई फिल्म में भी वही असर पैदा किया जा सकता है? यह फिल्म हॉलीवुड के तकनीशियनों की मदद से लॉस एंजेल्स में ही बनाई गई।

मुम्बइया फिल्म-निर्माताओं द्वारा हॉलीवुड की फिल्मों की ओर रुख करना यह बताने के लिए काफी है कि मुम्बई में मूल पटकथा-लेखन का स्तर कितना गिर चुका है। एक समय यह मुम्बइया संगीतकारों के लिए कहा जाता था कि वे विदेशी धुनों को अपना बनाते रहते थे, अब यह फिल्म प्रोडक्शन में गहरे पैठ चुका है। विषय चुराने की बीमारी हर प्रकार के फिल्म में पाई जा सकती है—जबर्दस्त हिट हों या सामान्य सफल फिल्म या फ्लॉप फिल्म, वैसे इनमें फ्लॉप फिल्में सबसे ज्यादा होती हैं।

कभी-कभी किसी अमेरिकी फिल्म के भारतीयकरण में पटकथा और निर्देशन का वह कौशल भी दिखता है जिससे हॉलीवुड कथा-शैली और

बॉलीवुड की अपनी व्यावसायिक शैली का बेहतर संगम बनता है। इस तरह की फिल्मों में *जो जीता वही सिकन्दर* (1992), पीटर येट्स की फिल्म *ब्रेकिंग अवे* (1979) पर आधारित थी, *गुलाम* (1998), एलिया काज़ान की फिल्म 'ऑन द वाटरफ्रंट' पर आधारित थी; *प्यार तो होना ही था* (1998) लॉरेंस कास्दान की फिल्म *फ्रेंच किस* (1995) पर आधारित थी, और *मोहब्बतें* (2000), पीटर वियर की फिल्म *डेड पोएट्स सोसायटी* (1989) पर, टुकड़ों में ही सही, आधारित थी।

सामान्य फिल्मों में दुश्मन (1998) जॉन सेसिंगर की *आई फॉर ऐन आई* (1996) पर आधारित थी, *सिर्फ तुम* (1999), नोरा एफ्रॉन की फिल्म *यू हैव गॉट मेल* (1998) पर आधारित थी, *बिच्छू* (2000) वेसाँ की फिल्म *लियन* पर आधारित थी, मंसूर खान की *जोश* (2000), *वेस्ट साइड स्टोरी* (1961) पर आधारित थी।

वैसे हॉलीवुड की नकल में बनी ज्यादातर हिन्दी फिल्में किसी भी प्रकार की अपेक्षा जगाने में असफल ही रहीं।

इस कारण एक के बाद एक असफल फिल्में मुम्बई फिल्म-इंडस्ट्री में धराशायी रहीं। *हर दिल जो प्यार करेगा* (2000), जॉन रटेलटॉव की फिल्म *व्हाइल यू वेयर स्लिपिंग* (1995) पर आधारित थी, तो *हलो ब्रदर* (1999) हॉलीवुड की कई फिल्मों के मिश्रण से तैयार की गई थी, जिनमें प्रमुख रूप से जेम्स डी. पैरियट की *हार्ट कंडीशन* (1990) थी, *ढाई अक्षर प्रेम के* (2000) अल्फांसो अराड की फिल्म *ए वॉक इन द क्लाउड्स* (1995) पर आधारित थी, *कहीं प्यार न हो जाए* (2000) फ्रैंक कोटाकी की फिल्म द *वेडिंग सिंगर* (1998) पर

आधारित थी, *मन* (1999) *ऐन अफेयर टु रिमेम्बर* (1957) की लगभग दृश्य-दर-दृश्य नकली थी, और *संघर्ष* (1999), जोनाथन डेम की *द साइलेंस ऑफ द लैंब्स* (1991) की नकल थी। इन फिल्मों की कहीं पूछ नहीं हुई। दर्शकों ने उन्हें देखना जरूरी नहीं समझा।

राज एन. सिप्पी, जिनके पिता एन.सी. सिप्पी ने सत्तर के दशक में ऋषिकेश मुखर्जी-गुलज़ार की कई सफल फिल्मों के निर्माण में धन लगाया, ने जब अस्सी के दशक में 1962 की क्लासिक *केप फियर* (क़यामत, 1983) और 1982 की एक्शन कॉमेडी *48 ऑवर्स* (अन्दर-बाहर, 1984) पर हाथ आज़माये तो उन्हें मुँह की खानी पड़ी। हालाँकि *सत्ते पर सत्ता* (1981), जो *सेवन ब्राइड्स फॉर सेवन ब्रदर्स* (1954) का जीवन्त रूपान्तरण थी, स्टेनली डोनन की संगीत-प्रधान यह फिल्म एक ऐसी औरत की कहानी है जिस पर अपनी शादी का सुख उठाने से पहले अपने नव-विवाहित पति के छह भाइयों को सुधारने की जिम्मेदारी आ पड़ी है।

हॉलीवुड के कथानकों को बॉलीवुड के फॉर्मूले से भिड़ाने का एक सीधा कारण तो यह रहा है कि दोनों ही प्रकार के सिनेमा में संस्कृतिबद्धता पर कोई जोर नहीं रहा है। दोनों ही विशुद्ध मनोरंजन को ध्यान में रखकर सिनेमा बनाते हैं, उनकी घटनाओं और पात्रों की स्थानीयता पर कोई जोर नहीं होता क्योंकि इसे हर जगह के दर्शक पसन्द करते हैं। हॉलीवुड-बॉलीवुड फिल्म-उद्योग में केवल भौतिक अन्तर ही है, बाकि दोनों मुनाफा-प्रेरित उद्योगों में फर्क नहीं है। इसलिए मुम्बइया फिल्मकारों के लिए उसकी नकल आसान रहती है। वैसे अगर देखा जाए तो हॉलीवुड के दर्शकों और बॉलीवुड के दर्शकों में काफी अन्तर है। लेकिन दुखद रूप से बॉलीवुड के केवल कुछ ही निर्देशक इस बात को समझ पाते हैं।

ऐसा नहीं है कि हिन्दी सिनेमा पर केवल हॉलीवुड फिल्मों का ही प्रभाव रहा है। पिछले दशकों में, क्लासिक पाश्चात्य साहित्य, विलियम शेक्सपियर, इतालवी नव-यथार्थवादी सिनेमा, जर्मन अभिव्यक्तिवाद आदि-आदि की बॉलीवुड में हवा चलती रही है और उनके प्रभाव में कुछ महत्त्वपूर्ण फिल्में बनती रही हैं। क्या बिमल रॉय की *दो बीघा ज़मीन* (1953) दे सीका और

रोबतो रोजलिनी के प्रभाव के बिना सम्भव थी? क्या कवि-फिल्मकार गुलज़ार ने *अंगूर* (1982) की मिठास चखी होती अगर हमारे रचनात्मक जगत में शेक्सपियर की उपस्थिति न होती? यहाँ महत्त्वपूर्ण बात यह है कि बिमल रॉय और गुलज़ार दोनों ने ही विदेशी कथानकों को पहचाना और उन्हें अपने अनुकूल ढाला।

हृषिकेश मुखर्जी की *नमक हराम* (1973) भी ऐसी ही उपलब्धि है। वैसे ही विजय आनन्द की *तेरे मेरे सपने*। *नमक हराम* एक सुपरहिट फिल्म थी, जिसमें राजेश खन्ना और अमिताभ बच्चन की मुख्य भूमिका थी। यह फिल्म पीटर ग्रेनविले की *बेकेट* (1964) का रूपान्तरण थी, जो कि स्वयं फ्रेंच नाटककार ज्याँ एनुल के इसी नाम के प्रसिद्ध नाटक पर आधारित थी। कैन्टेबरी के आर्कबिशप और राजा हेनरी-II के राजनीतिक विवाद, जिसमें दो पुराने मित्र इतिहास के एक मोड़ पर एक-दूसरे के खिलाफ खड़े हो जाते हैं, की कथा को आधार बनाकर हृषिकेश मुखर्जी ने दो शहरी मित्रों की कथा कही जिसमें वर्ग-संघर्ष अपने गहरे राजनीतिक अर्थों के साथ मौजूद है।

तेरे मेरे सपने में, जो ए.जे. क्रोनिन के उपन्यास *द सिटेडल* (जिस पर 1938 में हॉलीवुड में इसी नाम की फिल्म बनी), विजय आनन्द एक ऐसे आदर्शवादी डॉक्टर की कहानी कहते हैं जो अपनी जीवन की एक घटना के कारण सामाजिक न्याय में अपना विश्वास खो चुका है। एक धनी आदमी की कार दुर्घटना में उसकी पत्नी घायल हो जाती है, पर अपने ताकत के बल पर वह धनी आदमी छूट जाता है, उसके बाद शहर में लौटकर वह डॉक्टर गलत तरीके से पैसे इकट्ठे करने में लग जाता है। फिल्म में सचिन देव बर्मन का सुमधुर संगीत है, साथ ही, यह फिल्म डॉक्टरी पेशे के नैतिक गिरावट की ओर भी इशारा करती है।

लोकप्रिय हिन्दी सिनेमा के इतिहास में हॉलीवुड फिल्मों के सफल भारतीय रूपों के कई और उदाहरण बिखरे पड़े हैं। 1956 की फिल्म *चोरी-चारी*, फ्रैंक कापरा की फिल्म *इट हैपण्ड वन नाइट* (1934) पर आधारित थी। यह फिल्म एक प्रकार से हॉलीवुड के प्रभाव की संभावनाओं की ओर इशारा थी। 1966 में बनी, ए.आर. कारदार की फिल्म *दिल दिया दर्द लिया*

के बारे में यह अफवाह थी कि उसका निर्देशन फिल्म के नायक दिलीप कुमार ने ही किया था। उस फिल्म के पात्र एमिली ब्रांट के उपन्यास *वुदरिंग हाइट्स* के इर्द-गिर्द बुने गए थे, जिस पर हॉलीवुड में कम-से-कम चार फिल्में बनीं, जिसमें सबसे प्रसिद्ध फिल्म थी 1939 में बनी फिल्म जिसके निर्देशक थे विलियम वाइलर।

1968 में मद्रास के एवी एम स्टुडियो ने फिल्म *दो कलियाँ* का निर्माण किया। यह फिल्म *द पैरेण्ट ट्रैप* (1961) का रूपान्तरण थी, एक हास्यमूलक फिल्म, जिसमें दो जुड़वाँ अपने अलग-अलग रह रहे माता-पिता को एक करने का बीड़ा उठाते हैं। यह एक ऐसी कहानी रही है जो तकरीबन हर दशक में दुहराई गई और सफल भी रही। 1984 में मिथुन चक्रवर्ती-पद्मिनी कोल्हापुरी की फिल्म *प्यार झुकता नहीं* को अप्रत्याशित सफलता मिली, हाल में ही ऐसे एक प्रयास (कुछ खट्टी, कुछ मीठी 2001) पर किसी ने ध्यान भी नहीं दिया, उस फिल्म में काजोल का डबल रोल था।

परिचय (1972), फिल्म गुलज़ार ने *साउंड ऑफ म्यूजिक* से सीधे-सीधे उड़ाई। इसमें जूली एंड्रूज के स्मूटर को एक ऐसे आदमी में बदल दिया गया (जितेन्द्र) जो एक झक्की बूढ़े के घर में आता है उनके अनाथ पोतों और उनकी बड़ी बहन (जया भादुड़ी) की जिम्मेदारी सँभालने। पर यहाँ आकर उसे पता चलता है कि उसका काम कितना मुश्किल है। *परिचय* एक प्रसिद्ध फिल्म बनी क्योंकि इस फिल्म की आत्मा शुद्ध बॉलीवुड वाली थी—बॉलीवुड के स्वर्णयुग वाली—यानी जबर्दस्त पटकथा, संगीत, अभिनय, निर्देशन आदि सब का बेहतर संयोग फिल्म को नकल नहीं लगने देता था।

जब सत्तर के दशक में शम्मी कपूर ने फिल्म-निर्देशन का फैसला किया तो उन्होंने बिली वाइल्डर की इरमा ला इस का चुनाव किया। यह फिल्म एक कॉमेडी थी जिसमें एक पूर्व सिपाही की कहानी है जो एक वेश्या से प्रेम करता है उसे बचाने के क्रम में उसके सारे समय का पैसा देता रहता है। यह फिल्म थी *मनोरंजन* (1974), जिसमें संजीव कुमार ने जैक लेमन की भूमिका निभाई थी और जीनत अमान ने शर्ली मैकलीन की। फिल्म में वह बात नहीं थी, पर फिर भी इस कॉमेडी में कुछ नवीनता थी।

70 के दशक में एक और फिल्म, जिसको थोड़ी-बहुत सफलता मिली थी बासु चटर्जी की *खट्टा-मीठा* (1977) जो मेलविल शैवल्सन की कॉमेडी *योर्स, माइन एंड आवर्स* पर आधारित थी, यह एक दस बच्चों के विधुर बाप की कहानी थी, जो आठ बच्चों की एक विधवा से विवाह करता है। जब वह औरत अपने बच्चों के साथ अपने पति के घर में जाती है तो तूफान बरपा हो जाता है। बासु चटर्जी की फिल्म में इतने पात्र तो नहीं हैं पर फिल्म पर्याप्त हास्य प्रधान है।

जैसाकि स्पष्ट है कि पिछले वर्षों में हॉलीवुड-फिल्मों के कई उल्लेखनीय रीमेक भी बनाए गए हैं। लेकिन उनकी व्यावसायिक सफलता का ग्राफ नीचे ही रहा है। मंसूर खान की *अकेले हम अकेले तुम* (1995) *क्रेमर वसेस क्रेमर* (1979) पर आधारित है, जिसमें प्रौढ़ प्रेम को दर्शाया गया है। उसी प्रकार, महेश भट्ट की फिल्में *दिल है कि मानता नहीं* (1991) और *हम हैं राही प्यार के* (1993), जो *हाउस बोट* से प्रभावित थीं, और खासी मनोरंजक थीं। उसी तरह सुभाष घई की फिल्म *कर्ज़* (1980) *रिइनकानेशन आफ पीटर प्राउड* पर मोटे तौर पर आधारित थी।

लेकिन हॉलीवुड-आधारित हिन्दी फिल्मों में रमेश सिप्पी की *शोले* (1975) जैसी सफलता किसी और फिल्म को नहीं मिली। *शोले* सर्जइ लियोन की फिल्म 'वनूस अपआन ए टाइप इन द वैस्ट' की कापी थी और उस पर सैम पेकिनपाह (द वाइल्ड बंच) और जॉन स्टरजेसर (द मैग्निफिशिएंट सेवन) का प्रभाव स्पष्ट है, और रमेश सिप्पी की इस जबर्दस्त हिट फिल्म पर हॉलीवुड की 'वेस्टर्न' फिल्म-धारा का प्रभाव भी स्पष्ट है। अपने समय तक की यह सबसे सफल फिल्म बनी क्योंकि यह न सिर्फ नकल भर थी और न ही कोई फॉर्मूला फिल्म ही थी। फिल्म में एक्शन और भावनाओं का ऐसा संगम था जो लोगों को प्रभावित कर सका।

सैबल चटर्जी, *अंग्रेजी में स्नातकोत्तर तक की शिक्षा प्राप्त सैबल चटर्जी स्वतंत्र फिल्म समालोचक एवं वरिष्ठ पत्रकार हैं। 1984 से वे द टेली ग्राफ, टाईम्स ऑफ इंडिया, आउटलुक और हिंदुस्तान टाइम्स ऑनलाइन से सम्बद्ध रहे हैं। उन्हें सन् 2003 में सर्वश्रेष्ठ फिल्म आलोचक का राष्ट्रीय पुरस्कार मिल चुका है। आजकल वे अन्य प्रकाशनों में लेख लिखने के अलावा हिंदुस्तान टाइम्स की वेबसाईट पर ऑनलाईन कॉलम लिखते हैं। वे एनसाइक्लोपीडिया ब्रिटानिका के एनसाइक्लोपीडिया ऑफ हिंदी सिनेमा के संपादक थे।*

यथार्थ का सिनेमा

उत्पल बोरपुजारी

भारत से बाहर रहने वाला कोई व्यक्ति, जिसका हाल में ही भारतीय सिनेमा से परिचय हुआ हो, वह निश्चित तौर पर बॉलीवुड के रूप में उसकी पहचान करने लगा होगा। भारतीय सरकार ने पिछले कुछ सालों में बॉलीवुड का ब्रांड

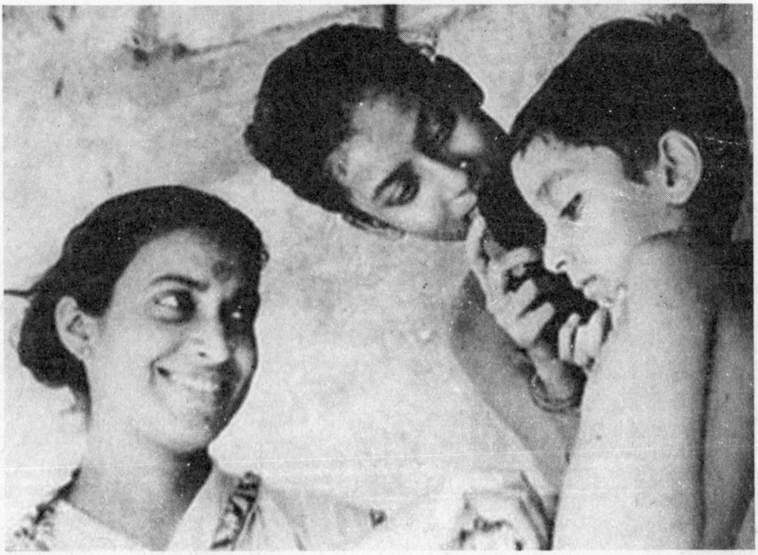

के रूप में आक्रामक रूप से प्रचार कर रही है और इसमें उद्योग से जुड़ी कुछ बड़ी संस्थाओं, जैसे कंफेडरेशन ऑफ इंडियन इंडस्ट्री (सी.आई.आई) और फिक्की का समर्थन भी मिला हुआ है, इस कारण यह मुहावरा केवल फिल्म समारोहों में दिलचस्पी रखने वाले लोगों में नहीं बल्कि मीडिया तथा भारतीय सिनेमा में रूचि रखने वाले लोगों में भी लोकप्रिय हो गया। इसके कारण संसार के ज्यादातर सिनेमा समारोहों में यह प्रवृत्ति बढ़ने लगी है कि बॉलीवुड सिनेमा का नाम सुनते ही दर्शक यह सोचने लगते हैं कि नाच-गानों से भरपूर मेलोड्रामा जैसी फिल्म होगी, जो कि भारतीय मुख्यधारा सिनेमा या व्यावसायिक सिनेमा की विशेषता बताई जाती है। यह मुहावरा और इससे जुड़ी उम्मीदें इसकी बनी-बनाई पहचान की तरह लोगों के दिमाग में बसे भारतीय आप्रवासी शामिल नहीं हैं, क्योंकि उनके लिए अपने मूल देश से जुड़ने का यह एक बड़ा माध्यम है।

जैसे-जैसे भारत में जन्में पर विदेशों में बसे फिल्म निर्माताओं जैसे मीरा नायर, दीपा मेहता या भारतीय मूल की ब्रिटिश नागरिक गुरिंदर चड्ढा की पहचान उभरने लगी है, जो वैसे भी बॉलीवुड तरह के सिनेमा के प्रति अपना सम्मान गाहे-बगाहे बॉलीवुड सिनेमा के प्रतीकों को जाने-अनजाने अपना कर प्रकट करती रहती हैं, इससे इस मुहावरे, इस नाम, इस संज्ञा की स्वीकृति अंतरराष्ट्रीय स्तर बनने लगी है। एक नई जिज्ञासा की संस्कृति, जिसके ज्यादातर युवा, जिनमें से कुछ भारत में रहते हैं और कुछ विदेशों में, उन निर्देशकों ने इसे क्रास ओवर सिनेमा (सिनेमा-इस पार-उस पार) का नाम दिया है, जिसने इस संज्ञा को और भी रंगीन बना दिया है। क्रास ओवर सिनेमा (सिनेमा-इस पार-उस पार) के निर्देशक के पास दिखाने को अपने ढंग का सिनेमा है, उनके पात्र तरह-तरह की भाषाएँ बोलते हैं, उनकी बड़ी मिली-जुली सी संस्कृति होती है। इनमें आम तौर पर कभी दार्शनिक ढंग से या कभी नाटकीय ढंग से अपने देश या अपने चयनित विदेश में दिग्भ्रमित युवाओं की कथा होती है। इनमें आम तौर पर परंपरागत भारतीय संस्कृति की छवि की

श्रेष्ठता का प्रतिनिधित्व होता है और इनमें तथाकथित बॉलीवुड के संदर्भों का खूब प्रयोग होता है। जाहिर है, यह इस पर निर्भर करता है कि आप भारत के किस भाग से संबंध रखते हैं, उसी के मुताबिक इन बॉलीवुड के ढंग की फिल्मों के पात्र हिंदी, तमिल, तेलुगु, बांग्ला तथा इसी तरह अंतरराष्ट्रीय स्तर पर महत्त्वपूर्ण कोई अन्य भाषा बोल सकते हैं। इस तरह ये फिल्में उन इलाकों में तो सफल साबित होती ही हैं और उन अलग-अलग क्षेत्रीय भाषाओं में भी जिनमें बाद में इस शैली की नकल की जाती है।

लेकिन भारतीय सिनेमा इसके अलावा काफी कुछ है, जिसके एक दशक से भी कम समय में सौ साल पूरे हो जाएँगे, जबकि बॉलीवुड एक ऐसा नाम है जो एक तरह से इसका अपमान करने के लिहाज से दिया गया है, जिसका सीधा मतलब यह होता है कि ये इस तरह की फिल्में हैं जो हॉलीवुड के सिनेमा की नकल की तरह होती हैं (जो सच भी है क्योंकि अक्सर मुख्यधारा के निर्देशक हॉलीवुड से प्रभावित होने की बात करते रहते हैं। वैसे यह भी सच है कि भारतीय मुख्यधारा सिनेमा भी कभी-कभी सुखद आश्चर्य में डाल देता है।

यह सच है कि जिस तरह से इसमें कहानी को नाच-गानों की आवश्यक छौंक और भावना की उच्छल तरंगों के साथ बरता जाता है संसार भर में इस अर्थ में इसका कोई सानी नहीं है। और हाँ, यह शैली इसने परंपरागत भारतीय कथावचन की शैली से इजाद की है, जिसमें नाच-गाने का तत्व गहरे जुड़ा होता है, जो मेहनतकश जनता को दिन भर की कमरतोड़ मेहनत के बाद इससे एक तरह का पलायनवादी मनोरंजन प्राप्त हो जाता है।

मसला नाच-गानों की इस शैली का उतना नहीं है, जिसका सत्यजित राय, बिमल राय, वी. शांताराम, गुरुदत्त और कुछ हद तक राज कपूर की तरह प्रभावशाली तरीके से इस्तेमाल करने की है, न केवल कहानी को आगे बढ़ाने के लिए बल्कि दृश्य और संगीत के माध्यम से दर्शकों के मन में एक अमिट छाप छोड़ देने के लिए। यह इस के बारे में भी नहीं है कि इस अनूठेपन के

सहारे मनमोहन देसाई और डेविड धवन जैसे निर्देशकों ने तर्कहीन कथा-शैली का विकास किया, बॉलीवुड सचमुच उन लोगों के मनोरंजन का एक आसान माध्यम है जो दिन भर की मेहनत के बाद रंगबिरंगे कपड़ों और भावनात्मक संवादों की सपनीली दुनिया में खो जाते हैं। यह इसको लेकर भी नहीं है कि ये फिल्में सबसे गैर पेशेवर उद्योगों में से एक इंडस्ट्री में बनकर तैयार होती है, हालाँकि इसके निगमीकरण को लेकर हाल में कुछ संकेत मिले हैं, लेकिन इसके बावजूद जिस तरह की इसकी विकास दर बनी हुई है कि इसको देश के सर्वाधिक संभावनाशील उद्योगों में से एक में गिना जाता है।

यह सवाल फिर भी रह जाता है कि क्या यह तथाकथित बॉलीवुड वास्तविक भारत को प्रतिबिंबित कर पाता है, इसकी साहित्यिक और सांस्कृतिक विरासत को, इसकी विस्तृत संस्कृतियों और समाजों को, करीब 2500 भाषाओं और बोलियों के भरपूर खजाने को और उन राजनीतिक-सामाजिक द्वंद्वों को जो किसी भी ऐसे देश में अवश्यंभावी कही जा सकती हैं जो पिछले

पांच से भी अधिक दशकों से विश्व का सबसे बड़ा प्रजातंत्र है, जिसमें प्रजातंत्र के संपूर्ण विचार को लेकर अनेक अंतर्विरोध भी मौजूद हैं, जो जाति और समुदायों को लेकर सामाजिक असमानता और देश के अनेक क्षेत्रों के राजनीतिक उथल-पुथल में दिखाई दे जाता है?

इसका उत्तर निश्चित तौर पर नहीं में ही हो सकता है। वह वास्तव में एक 'अन्य' तरह का स्वतंत्र सिनेमा है, हिंदी तथा कई अन्य भारतीय भाषाओं में तथा हाल के कुछ वर्षों में अंग्रेजी में भी, जिसके माध्यम से भारत नाम की इस सभ्यता का सत्व और अंतर्विरोध सामने आ पाया है। जिस समय आज से 50 साल पहले 1955 में एक युवा विज्ञापन एजेंसी अधिकारी ने निर्देशक बनकर *पाथेर पांचाली* जैसे कालजयी फिल्म का निर्माण किया था, तब से लेकर आज तक समझौता न कर पाने वाले फिल्मकारों का एक दल-सा तैयार हो गया है, जिनके पास हमेशा साधनों की कमी रहती है और जिनको थोड़ा-बहुत संसाधन सरकार से मिल जाता है, वे ऐसी फिल्में बनाने में लगे हैं जिनमें वास्तविक भारत की महक और ध्वनियाँ मिलती हैं। बड़े परदे पर यादगार दृश्यों के निर्माण की चाह और प्यार की बदौलत ही जिनकी रचनात्मकता मुखरित होती है, साथ ही यह भी सचाई है कि उनका ज्यादातर जीवन पैसे और चमक-दमक दोनों के बिना ही गुजरता है। ये वही लोग हैं जिनके द्वारा बनाई गई फिल्मों की प्रशंसा संसार भर के वे संजीदा दर्शक करते हैं जिनकी

दिलचस्पी सिनेमा के माध्यम से सिनेमा के माध्यम से भारत की वास्तविक छवि को देखने में होती है। लेकिन कुछ को छोड़ दें, जिनको पहले-पहल राष्ट्रीय या अंतरराष्ट्रीय स्तर पर इस माध्यम के सिद्धहस्त के रूप में पहचान मिली, उनमें से ज्यादातर नाम ऐसे रहे हैं जो ऐसे दर्शकों के लिए कोई मतलब नहीं रखते जो सिनेमा समारोहों में नहीं जाते हों। ठीक उसी तरह जिस तरह हेरल्ड रॉबिंस द्वारा लिखे गए किसी बाजारु सस्ते उपन्यास और ग्राब्रियल गार्सिया मार्केस द्वारा लिखे गए किसी क्लासिक में भिन्नता होती है, उसी तरह एक पलायनवादी सिनेमा और वास्तविक सिनेमा के बीच भिन्नता होती है। जो पलायनवादी सिनेमा होता है वह बॉक्स ऑफिस पर मोटी कमाई दर्ज करता है, उसके मुख्य कलाकार रातोरात स्टार बन जाते हैं, जबकि जो यथार्थ सिनेमा होता है वह शायद ही उपरोक्त प्रतिमानों पर खड़ी उतर पाए। लेकिन अगर कोई वास्तविक जीवन की विविध छवियाँ देखना चाहता है, तो यह जो दूसरे प्रकार का सिनेमा है इसमें उसको सब कुछ मिल सकता है। और जाहिर बात है कि यह जो दूसरे प्रकार का सिनेमा है यही कालजयी साबित होता है, जबकि पहले वाले कोटि के किसी फिल्म की धूम तभी मच सकती है जब तक अगली वैसी ही फिल्म न आ जाए।

अगर बाहरी संसार में इस सिनेमा के बारे में कम ही सुनाई दे रहा है तथा बॉलीवुड का रस उसको अधिक ही मिल रहा है, तो इसमें दोष देने जैसी कोई बात नहीं है, क्योंकि यहाँ भारत में, अगर मुट्ठी भर लोगों को छोड़ दें, तो हमारी वर्तमान पीढ़ी इस बात से बेखबर बनी हुई है कि सिनेमा का कोई ऐसा खजाना भी मौजूद है, जो उसके सामने अनखुला पड़ा है। इससे सहज ही यह सवाल उठता है कि आखिर इसके लिए दोषी कौन है? जाहिर है ज्ञानी लोग कहेंगे कि खलनायक कई हैं। इसको लेकर कोई चाहे तो बात करता ही चला जा सकता है किस तरह देश को चलाने वाली सरकारें भारत के लिए एक फिल्म नीति, जिसके आर्थिक और कलापरक पहलुओं को एक स्पष्ट दिशा दिए जाने की है। उसी तरह इस बात को लेकर कि यथार्थ सिनेमा के वित्तरण

का कोई तंत्र तैयार नहीं हो सका है, जबकि निश्चित तौर पर कम ही सही, लेकिन इस तरह की फिल्मों के संजीदा दर्शक देश में मौजूद हैं, जिनको अगर ठीक से पल्लवित-पष्पित किया जाए, तो निश्चित तौर पर विकसित हो सकते हैं। या कि किस तरह शिक्षण संस्थानों में फिल्म एप्रेसिएशन के पाठयक्रम लागू किए जाने से आने वाली पीढ़ियों के अंदर इस माध्यम की बेहतर समझ विकसित की जा सकती है। यथार्थवादी सिनेमा की यह धारा इसलिए टूटी क्योंकि अनेक गैर प्रतिभाशाली लोगों ने 70 और 80 के दशक में सरकार द्वारा मिलने वाली सुविधाओं का दुरुपयोग करते हुए कंडलीमार विषयों पर फिल्में बनाईं। राष्ट्रीय फिल्म विकास निगम के धन से तथाकथित यथार्थवादी सिनेमा बनाने वालों ने कला सिनेमा की एक ऐसी छवि बना दी जिसमें प्रकाश के स्थान पर अंधेरे का अंकन होता है और जिसमें कहानी की रफ्तार धीमी होती है।

लेकिन इस अवस्था के लिए जिसमें कि अच्छे सिनेमा की जानकारी का अभाव लगभग शून्य तक है, तो इस अवस्था के लिए अगर कोई जिम्मेदार रहा है तो वह जो इसको लेकर सामान्य लोगों और संस्कृति में रुचि रखने वालों के बीच इसकी एक समझ विकसित नहीं कर पाया है। और वह कोई और कुछ नहीं मास मीडिया है यानी देश के समाचारपत्र और टेलीविजन चैनल। साफ तौर पर देखा जा सकता है कि 1991 में कांग्रेस सरकार द्वारा उदारीकरण की नीति को अपनाने के बाद देश के मीडिया की छवि अगर कुछ प्रकाशनों की बात रहने दें, तो उपभोक्तावाद के प्रचारक की होकर रह गई है। समाचार पत्रों और पत्रिकाओं में दिनोंदिन संस्कृति का स्थान सिकुड़ता जा रहा है और उसका स्थान बढ़ता जा रहा है जिसे आजकल पेज3 के नाम से जाना जाता है, जिसमें उच्च समाजों की पार्टियों के बारे में होता है, इसलिए यह कोई आश्चर्य की बात नहीं है कि सामान्य भारतीय अपने इस समृद्ध सिनेमा के विषय में नहीं जानता है। यहाँ तक कि व्यावसायिक सिनेमा को इनमें प्रचार-प्रसार तो पूरा मिल जाता है, इस उनकी सच्ची समालोचना इनमें शायद ही हो पाती है।

जानकारी के इस अभाव से संबंधित ढेरों उदाहरण है। 2004 के मध्य में असम की एक स्थानीय संस्था द्वारा करवाए गए सर्वेक्षण के मुताबिक चुने गए युवा व्यावसायी और छात्रों में से 80 प्रतिशत उत्तरदाता इस बात का सही-सही जवाब नहीं दे पाए कि भारत की पहली मिस यूनिवर्स खिताब किसने जीता था, अपने राज्य की समाज और संस्कृति के विषय में भी उनमें से कुछ लोग ही बता पाए। इससे भी कम लोगों को इस बात की जानकारी थी कि उनके राज्य का पुरस्कार विजेता फिल्मकार कौन है, जबकि अलग तरह के विषयों को लेकर काम करने वाले युवा फिल्मकारों में उसकी चर्चा होती रहती है। अगर इसी तरह के सर्वेक्षण देश के अन्य भागों में की करवाए जाएँ, तो इसी तरह के नतीजे निकलेंगे। कोई चाहे तो यह कह सकता है कि आज की पीढ़ी चमक-दमक में अधिक विश्वास करती है, लेकिन शायद ही किसी मीडिया घराने ने इसे सही या गलत साबित करने के लिए सर्वेक्षण करवाने का प्रयास किया हो।

पाथेर पांचाली

स्थानीय भाषाओं की मीडिया में तो अभी भी साहित्य, सिनेमा, संस्कृति आदि को लेकर गहरे अध्ययन मिल जाते हैं। लेकिन बड़े शहरों में इस तरह के विषयों को तब तक नजरंदाज ही किया जाता है जब तक कोई विवाद न हो जाए। देश के एक बड़े समाचारपत्र में, जिसके प्रकाशक देश के सबसे प्रतिष्ठित पुरस्कार देने वाले हैं, पुस्तक समीक्षा का कोई नियमित कॉलम तक नहीं है।

इस सबके बीच समाचार प्रकाशक इस तर्क से सभी गंभीर विमर्श को खारिज कर देते हैं कि पाठक ऐसा नहीं चाहते हैं। बजाय इसके कि देश में बननें वाले इस मान यथार्थवादी सिनेमा के बारे में जानकारी के प्रसार का काम करे मीडिया तो हर साल राष्ट्रीय पुरस्कारों से चयनित फिल्मों को भी नजरअंदाज कर देती है।

यह लगभग एक परंपरा सी बन गई है कि अगर कोई बॉलीवुड की फिल्म न हो या कोई गंभीर फिल्म हो और उसमें स्टार अभिनेता हों, तो उनको बड़े पुरस्कार न मिले हो, तो अगले दिन के समाचारपत्र में उसको अगर पूरी तरह से नजरअंदाज न किया जाए तो खबर को अंदर के पृष्ठों पर जरूर छापा जाएगा। अगर किसी स्टार अभिनेता वाली फिल्म को छोटे पुरस्कार मिले हों, तो उसको लेकर भी देखा जाता है कि अखबारों में काफी शोर-शराबा मचाया जाता है।

हाल के ही एक उदाहरण से इस बात को समझा जा सकता है। 51वें राष्ट्रीय फिल्म पुरस्कारों की जो घोषणा 2003 में हुई, तो देश के एक प्रमुख समाचार चैनल पर दिन भर यह खबर दिखाई जाती रही कि सबसे मनोरंजक सिनेमा के वर्ग में सर्वश्रेष्ठ फिल्म का पुरस्कार किस सिनेमा को मिला है, लेकिन उसने यह दिखाना आवश्यक नहीं समझा कि वास्तव में उस सर्वश्रेष्ठ सिनेमा का राष्ट्रीय पुरस्कार फिल्म *श्वास* को मिला था, जिसके निर्माता संदीप सावंत की यह पहली फिल्म थी और जो कि एक बहुत ही संवेदनशील विषय पर बनाई गई थी जो कि किसी अजीब बीमारी से अपनी आँखों की रोशनी खो

रहे बच्चे और उसके दादा के बीच के संबंधों को लेकर है। उससे पिछले साल में दिल्ली से प्रकाशित होने वाले एक अंग्रेजी दैनिक ने यही काम किया और अगर साहसपूर्वक कहा जाए, तो शायद जानते-बूझते तब किया जब उसने संजय लीला भंसाली की बंबईया फिल्म सर्वश्रेष्ठ फिल्म का राष्ट्रीय पुरस्कार पाने वाला बता दिया, जबकि यह पुरस्कार वास्तव में बुद्धदेव दासगुप्ता की फिल्म *मंदे मेयेर उपाख्यान* को यह पुरस्कार मिला था। यहाँ तक कि जब यथार्थवादी सिनेमा विदेशों में आयोजित होने वाले फिल्म समारोहों से जयपत्र लेकर आती है, तो अक्सर अखबारों में एक छोटी खबर छप जाती है या टेलीविजन चैनलों पर एक चलताऊ-सी खबर आ जाती है। कान जैसे फिल्म समारोहों में बॉलीवुड फिल्म के अमहत्त्वपूर्ण से प्रदर्शन को ऐसे बढ़ा-चढ़ा कर पेश किया जाता है मानो वह भारतीय सिनेमा की कोई बहुत बड़ी घटना हो, लेकिन किसी छोटी फिल्म की बड़ी सफलता को भी तभी महत्त्व दिया जाता है जब उस फिल्म के निर्देशक के स्थान पर अदूर गोपालकृष्णन या श्याम बेनेगल जैसे बड़े नाम हों या फिर उनमें स्थापित अभिनेताओं ने अभिनय किया हो, जो बॉलीवुड की फिल्मों में भी दिखाई देते हों। टीवी चैनलों की बात कम ही की जाती है, इस संदर्भ में वैसे चैनल बेहतर हैं, जो समाचार चैनल नहीं हैं। हालाँकि हिंदी चैनलों पर यदा-कदा गंभीर फिल्में भी दिखाई जाती हैं, लेकिन हाल में ही एक चैनल ने अपर्णा सेन की फिल्म- *मिस्टर एंड मिसेज अय्यर* का अंग्रेजी से हिंदी में डब संस्करण दिखाया, इसी प्रकार क्षेत्रीय भाषाओं के चैनल बेहतर हैं, जो समाचार चैनल नहीं हैं। वे अपनी-अपनी भाषाओं में काम कर रहे हैं, लेकिन टेलीविजन पर दबदबा इसी बेतुके व्यावसायिक सिनेमा का है। कोई इस मसले में चाहे तो निजी चैनलों को इस मसले में क्षमा कर सकता है, क्योंकि वे खुले तौर पर यह कहते हैं कि पैसा कमाना उनका एकमात्र लक्ष्य है, लेकिन दूरदर्शन तो सरकारी चैनल है, उसकी तो कोई ऐसी मजबूरी नहीं होनी चाहिए। जिस तरह की इसकी पहुँच है दूरदर्शन को देश के विभिन्न क्षेत्रों के बीच सांस्कृतिक और भाषिक आदान-प्रदान का सबसे उपयुक्त माध्यम

होना चाहिए था। लेकिन हमेशा की तरह परमपूज्य दूरदर्शन इस मामले में विचित्र तरीके से काम करता है। 1980 के दशक में दूरदर्शन के राष्ट्रीय चैनल पर क्षेत्रीय भाषाओं की पुरस्कृत फिल्मों को हर इतवार की दोपहर सबटाइटल्स के साथ दिखाया जाता था। इससे लोगों को क्षेत्रीय भाषाओं में बनने वाली श्रेष्ठ फिल्मों को देखने का मौका मिलता था। दोपहर का समय आदर्श होता था तथा उस समय एकमात्र चैनल दूरदर्शन ही उपलब्ध था, इसलिए इन फिल्मों को अच्छी खासी दर्शक संख्या मिलती थी।

1990 के दशक में उपग्रह चैनलों की आमद के बाद, इसके बावजूद कि उसका प्रण अच्छी रुचियों को प्रसारित करने का था, दूरदर्शन उससे होड़ लेने लगा, कारण यह हुआ कि यह एक ऐसा चैनल बनकर रह गया जो न तो सार्वजनिक प्रसारक के अपने कर्तव्यों को पूरा कर सका और इसी दबाव के चलते वह पूरी तरह से व्यावसायिक चैनल भी नहीं बन पाया। इस दुविधा के परिणामस्वरूप दूरदर्शन ने अच्छे व्यावसायिक सिनेमा के प्रति यह दृष्टिकोण अपना लिया है कि वह उनको दिखाने संबंधी अपना कर्तव्य पूरा तो करता है, लेकिन वह उनको ऐसे समय में दिखाता है ताकि प्राईम टाईम के विज्ञापन में उसका हिस्सा कम न पड़ जाए। इसमें कोई शक नहीं कि चैनल के व्यावसायिक पहलू बड़े महत्त्वपूर्ण होते हैं, लेकिन इसके कारण उस सिनेमा के साथ ऐसा व्यवहार, जो एक क्षेत्र की संस्कृति को देश के बाकी हिस्सों तक लेकर जाता है, पूरी तरह अनुचित है। अब हालात इस हद तक खराब हो चुके हैं कि इन फिल्मों का दूरदर्शन पर निष्ठापूर्वक प्रसारण किया तो जाता है, लेकिन रविवार के दिन वह भी अर्धरात्रि में। ऐसे में सिनेमा का कोई गहरा प्रशंसक भी उस समय सिनेमा देखना तो नहीं ही शुरू करेगा, क्योंकि अगली सुबह एक और कामकाजी सप्ताह की शुरुआत होती है।

अगर मीडिया आधुनिक समाज की प्रवृत्तियों को प्रतिबिंबित करने का काम करता है, तब तो संकेत अनिष्टकारी हैं। और वे स्पष्ट भी हैं। इसलिए यह कोई आश्चर्य की बात नहीं है कि माईकेल मूर की फिल्म *फॉरेनहाईट 9/11*

को भारतीय मीडिया में पर्याप्त सराहना मिलती है और अमेरिका में बॉक्स ऑफिस पर भी उसे पर्याप्त सफलता मिलती है, लेकिन आनंद पटवर्धन की फिल्म *वार एंड पीस* को इसके बावजूद कि वह भारतीय संदर्भों में राजनीतिक रूप से उतनी ही महत्त्वपूर्ण फिल्म है और गैर कथात्मक वर्ग में उसे सर्वश्रेष्ठ सिनेमा का राष्ट्रीय पुरस्कार भी मिला है वह मुख्यधारा मीडिया में एक कॉलम की खबर भर जगह भी नहीं जुटा पाता। और इसमें भी आश्चर्य नहीं होना चाहिए कि आधुनिक विश्व में हर जगह डाक्यूमेंट्री सिनेमा हॉलों में प्रदर्शित हो सकती है, लेकिन यहाँ भारत में राज्य द्वारा प्रायोजित बड़े-बड़े पुरस्कारों को प्राप्त करने के बाद भी आधिकारिक प्रसारकों के स्तर पर अपनी वांछित जगह पाने के लिए अदालती लड़ाई पड़ती है।

भारतीय मीडिया को बेहतर कला, बेहतर सिनेमा, बेहतर संस्कृति के प्रसार के की दिशा में अपनी भूमिका निभानी चाहिए, न कि तथाकथित लोकप्रिय रुचियों के पीछे भागते रहना चाहिए-जिसके तहत कभी-कभी पैसे लेकर भी बड़ी-बड़ी पार्टियों या ग्लैमर बालाओं की ऐसी तस्वीरें छापी जाती हैं, जिनका महानगरों से बाहर रहने वाले भारतीयों का कोई लेना-देना नहीं होता, वे भारतीय जो वास्तविक भारत का निर्माण करते हैं।

'लेखक पूर्णकालिक पत्रकार हैं तथा दक्षिण भारत के प्रसिद्ध अंग्रेजी दैनिक डेक्कन हेरल्ड के दिल्ली ब्यूरो में कार्यरत हैं। वे पिछले 11 सालों से सिनेमा और इससे जुड़े मसलों पर लिखते रह हैं और 50 वें राष्ट्रीय फिल्म पुरस्कारों में उनको सर्वश्रेष्ठ फिल्म समीक्षा के लिए स्वर्ण कमल मिला था।'

उत्पल बोरपुजारी, *नई दिल्ली, डेक्कन हेरल्ड से संबद्ध*

बीच का नज़रिया

श्याम बेनेगल, कुंदन शाह, फरहान अख्तर, राकेश मेहरा, शबाना आज़मी, यश चोपड़ा

श्याम बेनेगल

मुंबई का नया शहरी सिनेमा महानगरीय शहरी छवियों को दिखाता है। इन फिल्मों में सारे शहर की विविधताओं को नहीं चित्रित किया जाता है—उनका संबंध शहरी समाज के महज एक सीमित वर्ग से होता है। वे अखिल भारतीय, यहां तक कि वैश्वीकृत दृष्टि का प्रसार करते हैं, इसलिए ये फिल्में किसी विशिष्ट यथार्थ को लेकर नहीं कही जा सकती हैं।

ब्लैक

श्याम बेनेगल

यह एक वैध विधा है- *झंकार बीट्स, मुम्बई मैटिनी* और *बूम* जैसी यौवन से भरपूर शहरी फिल्में एक नई प्रकार की संवेदना को प्रतिबिंबित करती हैं और महानगरों के मल्टीप्लेक्सेस में उनके लिए पर्याप्त स्थान भी होता है। लेकिन मुझे नहीं लगता कि अंतरराष्ट्रीय मंच पर वे अपनी कोई जगह बना सकते हैं।

ये फिल्में आजकल के टेलीविजन धारावाहिकों की तरह शहरी आकांक्षाओं की अभिव्यक्ति करते हैं। इनके पात्र अपनी वेशभूषा, व्यवहार और शैली में आधुनिकता के प्रतिरूप होते हैं। वे विशिष्ट लोगों को लक्ष्य करके होते हैं, इसलिए उनकी पहुँच भी सीमित होती है। इसलिए आप उनसे यह उम्मीद नहीं कर सकते कि वह एक सच्चा क्रॉस ओवर सिनेमा साबित हो– यहाँ तक कि अपने मूल देश में भी उनका दर्शक वर्ग चुनिंदा ही होता है। *मॉनसून वेडिंग* और *बेंड इट लाईक बेकहम* जैसे फिल्मों की व्यावसायिक सफलता को इसका कोई मानक नहीं माना जा सकता, क्योंकि इन दोनों फिल्मों का जिस तरह निर्माण हुआ और भारत में प्रचार-प्रसार हुआ वह काफी कुछ उसी तरह था जिस तरह भारत में अंग्रेजी भाषा की फिल्मों को बरता जाता है।

भारतीय फिल्म उद्योग विश्वव्यापी दृष्टिकोण से अभी हाशिए पर ही है। बॉलीवुड सिनेमा की तथाकथित अंतरराष्ट्रीय सफलता इसकी मुकम्मिल तस्वीर प्रस्तुत नहीं करता। इसकी समझ महत्त्वपूर्ण है कि इंग्लैंड और अमेरिका में हिन्दी इसलिए सफल होती हैं, क्योंकि वहाँ दक्षिण भारतीयों का उनको समर्थन प्राप्त होता है। आप्रवासी भारतीयों की जनसंख्या में बढ़ोतरी हो रही है और यही हिन्दी फिल्मों की पश्चिम में हो रही कमाई में झलकता है।

ये फिल्में आप्रवासी भारतीयों में एक तरह एका बनाती हैं, क्योंकि ये पाश्चात्य आकांक्षाओं, जीवन शैली और पूर्व के मूल्यों के बीच एक तरह का संतुलन कायम करती हैं। इन फिल्मों के माध्यम से आप्रवासी अपनी परंपरा से जुड़ने की कोशिश करते हैं। यह बॉलीवुड सिनेमा को कोई वैश्विक परिघटना नहीं बनता।

कुंदन शाह

मेरे विचार से विश्वव्यापकता के कई मतलब हैं। एक तो फिल्म समारोहों में सिनेमा प्रेमियों को जुटाना है, दुर्भाग्य से यह वर्ग समाप्त हो गया। इसका दूसरा मतलब है विदेश में एशियाई दर्शकों का होना—चाहे अमेरिका हो या कनाडा या मध्य पूर्व। अगर विश्वव्यापकता का मतलब है अपने यहाँ के मुख्यधारा सिनेमा को पश्चिम में ले जाना, तो यह बेवकूफी है। किस तरह हम पश्चिमी दर्शकों से यह उम्मीद कर सकते हैं कि वे हमारी संवेदनाओं को समझ सकें? हमें सिनेमा बनाते हुए काफी समय बीत चुका है, लेकिन देखिए किस तरह की विविधताएँ हमने इस दौरान विकसित की हैं। फॉर्मूला फिल्में बनाने के अलावा क्या हमने कभी कुछ नया किया है? हमारे गीत, पटकथा, विषय, उनको बनाने का ढंग उनके लिए एकदम अनजान हैं।

लगान इस मामले में जरूर एक अपवाद की तरह है। केवल एक घूँट से तो पूरी गर्मी नहीं काटी जा सकती। *देवदास* न तो व्यावसायिक रूप से सफल हुई न ही किसी और रूप में। एक फिल्म जो मुझे सचमुच पसंद है वह *मॉनसून वेडिंग* है, जिसको सचमुच क्रॉस ओवर फिल्म कहा जा सकता है।

लेकिन अलग-अलग फिल्मों की बात क्यों करें जब हम किसी बदलाव की बात कर रहे हैं? क्या हमारे महान लेखक इस समय कुछ महान लिख रहे हैं? यहाँ तक कि हमारे सिनेमा में भी अच्छे लेखकों की कमी फिल्मकारों की सिरदर्दी का कारण बना है। अगर आप नई धारा के निर्देशकों द्वारा लाए गए थोड़े-बहुत बदलावों की बात कर रहे हैं, तो

मैं कहुँगा कि यह बदलाव नगण्य है। वे वही कर रहे हैं जिसका पश्चिम वाले काफी अधिक बार कर चुके हैं। लेकिन मुझे उम्मीद है कि आज न कल दूसरे प्रकार के सिनेमा का उद्भव होगा– कुछ ऐसा जो भारतीय होगा और जिसको अंतरराष्ट्रीय दर्शक भी उपलब्ध होंगे।

बड़ा बजट इससे निकलने का रास्ता नहीं हो सकता। हम हॉलीवुड को उसके इस खेल में परास्त नहीं कर सकते–उनके संसाधनों और उनकी पहुँच की बराबरी हम नहीं कर सकते। अगर पटकथा की माँग हो, तभी बड़े बजट की शरण में जाना चाहिए। अपनी फिल्मों को अधिक अलंकृत बनाने के लिए इसका उपयोग नहीं होना चाहिए। इस तरह के सिनेमा का शायद ही अमेरिका और यूरोपीय बाजारों में कोई लेनदार मिले।

रेनकोट

फरहान अख्तर

जहाँ तक अंतरराष्ट्रीय मान्यता का सवाल है, तो मुझे लगता है कि हम वहीं के वहीं खड़े हैं जहाँ *लगान* के पहले थे, जिसने हिंदी सिनेमा को कुछ समय के लिए चर्चा में ला दिया। हमारे लिए कुछ भी नहीं बदला है। हम वही सब बनाते जा रहे हैं जो हमेशा से बनाते आए थे। हमने कोई बड़ा शिकार नहीं किया है, सचमुच। लेकिन जिस तरह से सारा का सारा विश्व नजदीक आ रहा है, यह अपनी रणनीतियों को लेकर पुनर्विचार करने, अपनी योजनाओं को पुनर्संयोजित करने का समय है।

एक क्रॉस ओवर फिल्म उसे कहा जा सकता है जो सबको एक समान पसंद आए या कहें कि एक बड़े तबके को पसंद आए–राष्ट्रीय और अंतरराष्ट्रीय दोनों ही स्तरों पर। मेरा अपना मानना यह है कि संसार भर के दर्शकों को एक साथ पसंद आए ऐसा काम करना भले ही कितना मुश्किल होता हो, अच्छी कलाशैली का सार्वभौमिक स्वर होता है। मेरा तात्पर्य है कि आंग ली को ही लें, जिन्होंने एक परंपरागत फिल्म चीनी युद्ध-कला को लेकर बनाई, *क्राउचिंग टाईगर, हिडेन ड्रैगन* और फिर भी पूरे विश्व पर उन्होंने अपना प्रभाव छोड़ा। मैं इस संभावना से इनकार नहीं कर रहा कि किसी दिन कोई भारतीय भी ऐसा कर सकता है। मेरे खयाल से यह समझ इस लिहाज से काफी आवश्यक है

कि मेलोड्रामा अंतरराष्ट्रीय स्तर पर नहीं चलता। हो सकता है कि देश के अंदर उसकी माँग हो, लेकिन बड़े दर्शक समुदाय से जुड़ने के लिए इससे बाहर निकलना होगा।

वैसे तो सिनेमा के अनेक ऐसे विभाग हैं जिनमें हमें काफी कुछ सीखना है, तो काफी कुछ भूलना भी है, लेकिन हमारी सबसे बड़ी कमी फिल्म के ट्रीटमेंट को लेकर है। जरा इस पर सोचिए कि हमारे पास भारत के कुछ सर्वश्रेष्ठ लोग हैं, फिर भी हम बड़े दर्शक वर्ग तक नहीं पहुँच पा रहे हैं, तो उसका कारण यह है कि हम अपने विषयों को इस तरह बरतते हैं कि वह केवल आम भारतीय रुचियों के अनुकूल ही लगे।

यहाँ तक कि हॉलीवुड में भी फिल्म के रिलीज होने के बाद का पहला हफ्ता ही फिल्म के भाग्य का निर्धारण कर देता है। फिल्म के रिलीज होने से पहले इतना तामझाम इसीलिए किया जाता है, क्योंकि जनता में अच्छी आरंभिक सफलता मिल सके। इसलिए यह अनिवार्य हो जाता है कि हमारे पास ऐसे रचनात्मक तत्व हों कि लोगों की दिलचस्पी फिल्म के अंत तक बनी रहे। केवल नए विषयों और नए-नए तरीकों के माध्यम से ही ऐसा संभव हो सकता है। घिसा-पिटा हटाना बहुत आवश्यक है।

मुझे लगता है कि जब हम सिनेमा बनाने का निर्णय ले रहे हों, तो हमें अपने दिल को काबू में रखना चाहिए। मुझे लगता है कि मेरी दूसरी फिल्म के बारे में यह सही है। यह भारत-पाकिस्तान के बीच हुए

ऐश्वर्या राय

कारगिल युद्ध के बारे में है। अब मैं अधिकतम रूप से यह कोशिश कर रहा हूँ कि सच्ची संवेदना की फिल्में बनाऊँ। यह एक ऐसे मुद्दे को लेकर है जिसको दो देश आसानी से छोड़ने वाले नहीं है। मैं एक ऐसी फिल्म बनाने की कोशिश कर रहा हूँ जो संभावनाओं को लेकर है। मैं कोई आप्रवासी भारतीयों को ही आकर्षित करने के लिए फिल्म नहीं बना रहा हूँ। यह एक बड़ी बात होगी कि वे आएँ फिल्म को देखें और इसका आनंद उठाएँ। मुझे खुशी होगी जब यह फिल्म उनको भी अच्छी लगेगी। जो न भारतीय हों न पाकिस्तानी।

राकेश मेहरा

भारतीय फिल्मकारों द्वारा विश्वव्यापी होने के प्रयास पहले नहीं हो सकते थे। हमने ऐसा क्यों नहीं किया? जब भारत पर इतनी अधिक नजर है, तो क्या हमें सिनेमा पर भी फोकस करने के प्रयास नहीं करने चाहिए। हमने अपने आयामों को विस्तृत करने चाहिए।

लेकिन असली बात यह है कि हमें इस बात की समझ हो कि वैश्विक स्तर पर माँग क्या है। वैश्विक शब्द को सही तरीके से समझने की जरूरत है- इस समय इसकी पूरी तरीके से गलत व्याख्या हो रही है। मेरे ख्याल से हमें पहले अपने दर्शकों की तलाश करनी चाहिए और फिर उसके अनुसार फिल्में बनानी चाहिए। इसके बिना कोई लाभ नहीं होने वाला है। उदाहरण के लिए मुझे नहीं लगता है कि हमारे मुख्यधारा के फिल्म की अंतरराष्ट्रीय स्तर पर कोई धाक जम पाई है। अंग्रेजी भाषा की फिल्में भारत में इतनी कम बनती हैं कि उनकी उससे कोई तुलना ही नहीं की जा सकती है।

दो फिल्में जिनके नाम तत्काल दिमाग में आ रहे हैं वे हैं *क्राउचिंग टाइगर, हिडेन ड्रैगन* और *मॉनसून वेडिंग*। ये दोनों क्रॉस ओवर सिनेमा के बेहतरीन उदाहरण हैं। अपने विषय और शैली में वे पूरी तरह से अपनी संस्कृतियों के अनुकूल हैं और इसके बावजूद उनमें कुछ सार्वभौम

तत्व भी हैं। उनको उनमें दर्शाया भी अच्छी तरह गया है, पहले में चीनी युद्ध कलाओं का और दूसरे में भारतीय विवाह का। बाकी काम कहानी ने कर दिया। और हाँ हम विपणन और प्रचार-प्रसार की रणनीतियों को कैसे भूल सकते हैं? अगर आप मेरी राय माँगें तो *क्राउचिंग टाइगर...* .. कोई महान फिल्म नहीं है। वह हाल की कई फिल्मों की कथा शैली के सामने कमजोर मालूम पड़ती है। लेकिन व्यावसायिक रूप से यह जबरदस्त तौर पर सफल है। शायद इसका समय सही रहा हो यानी यह सही वक्त पर आई हो। दुनिया शायद दो दशकों पहले से उस इंटर द ड्रैगन वाले जादू में फिर से खोना चाहती थी।

हमें विषयों का चुनाव करते हुए अपनी संस्कृति से ऐसे पहलुओं को उठाना चाहिए जिनकी सार्वभौमिक स्तर पर संभावना हो। ईमानदारी से कहूँ तो *देवदास* हमारा आदर्श नहीं होना चाहिए। सचाई यह है कि यह ज्यादातर देशों में सफल नहीं रही।

लेकिन निश्चित तौर पर एक बदलाव भारत में हो रहा है और आने वाले कुछ सालों में कुछ घटित होता मैं देख सकती हूँ। उम्मीद करते हैं कि आने वाले दौर के फिल्मकार विदेशी दर्शकों को रिझाने के क्रम में अपनी देशी विशिष्टता को बरकरार रख सकेंगे। हम भारतीय संगीत का कुछ निश्चित सीमाओं के साथ इसमें शामिल कर सकते हैं।

शबाना आज़मी

मेरे लिए क्रॉस ओवर सिनेमा का मतलब ऐसे सिनेमा से है जिसे किसी विशेष संस्कृति के लोग इस तरह से भावनात्मकता और व्यावसायिकता पिरो कर बनाते हैं कि वह भौगालिक सीमाओं को लाँघ जाए। केवल एक फिल्म जो इस साँचे के अंदर फिट होती दिखाई देती है वह है *मॉनसून वेडिंग*– इसमें एक विवाह की कहानी है और उसके अंदर कितने तरह के किस्से हैं, जीवन है। मुझे नहीं लगता है कि हम इससे कुछ अलग हट सकते हैं जिस स्तर की फिल्में हम बनाते हैं। लेकिन अनेक नए फिल्मकार हैं जो प्रयोग करने को तत्पर रहते हैं, आने वाले समय में वे सिनेमा को अलग तरीके से देखने लगे। बड़े बजट की फिल्मों की आवश्यकता नहीं है। सभी बड़ी फिल्में पिट रही हैं। छोटे बजट की फिल्मों के उभार का यह दौर है। हमें अपने पुराने कथावाचन शैली से निकलकर नए मुहावरों की तलाश करनी होगी।

यश चोपड़ा

हाल के दिनों में जिन फिल्मों ने अच्छी सफलता हासिल की है- *हम आपके हैं कौन, दिलवाले दुल्हनिया ले जाएँगे, कभी खुशी कभी गम, कुछ कुछ होता है, हम दिल दे चुके सनम* और *लगान*- ये सभी भारतीय संस्कृति में रमी थीं। इनकी कथात्मकता में जो परंपरागत मूल्य बिंधे हुए थे उसने इनको दुनिया भर के आप्रवासियों से बाँधा।

इन फिल्मों ने एनआरआई के बीच अच्छा काम इसलिए किया क्योंकि इसने उन आप्रवासियों को अपनी मातृभूमि से जुड़ने का अवसर दिया। इन फिल्मों ने उन्हें अपनी परंपराओं से जुड़ने के अवसर प्रदान किए। साथ ही मुझे लगता है कि इन फिल्मों में यह संभावना भी है कि वे सांस्कृतिक सीमाओं को तोड़ दें और गैर भारतीय पाश्चात्य दर्शकों को भी ये फिल्में अच्छी लगें।

हमारी फिल्मों और संगीत को विश्व स्तर पर स्वीकृति मिल रही है। उनको मुख्यधारा के स्टोरों और मल्टीप्लेक्सो में जगह मिल रही है। हमें इस अवसर का लाभ उठा कर भारतीय मनोरंजन उद्योग को विश्व स्तर पर ले जाना चाहिए।

नयी दिल्ली में प्रवासी दिवस समारोह 2002 में दिए गए एक भाषण का अंश